TUNDRA
Alaska Cartoon Coloring Book

Published by
TUNDRA & ASSOCIATES, INC.
PO Box 871354
Wasilla, Alaska 99687

For more fine TUNDRA merchandise, please visit the official TUNDRA website at:

www.tundracomics.com

ISBN: 978-0-9665033-4-0

TUNDRA

by Chad Carpenter

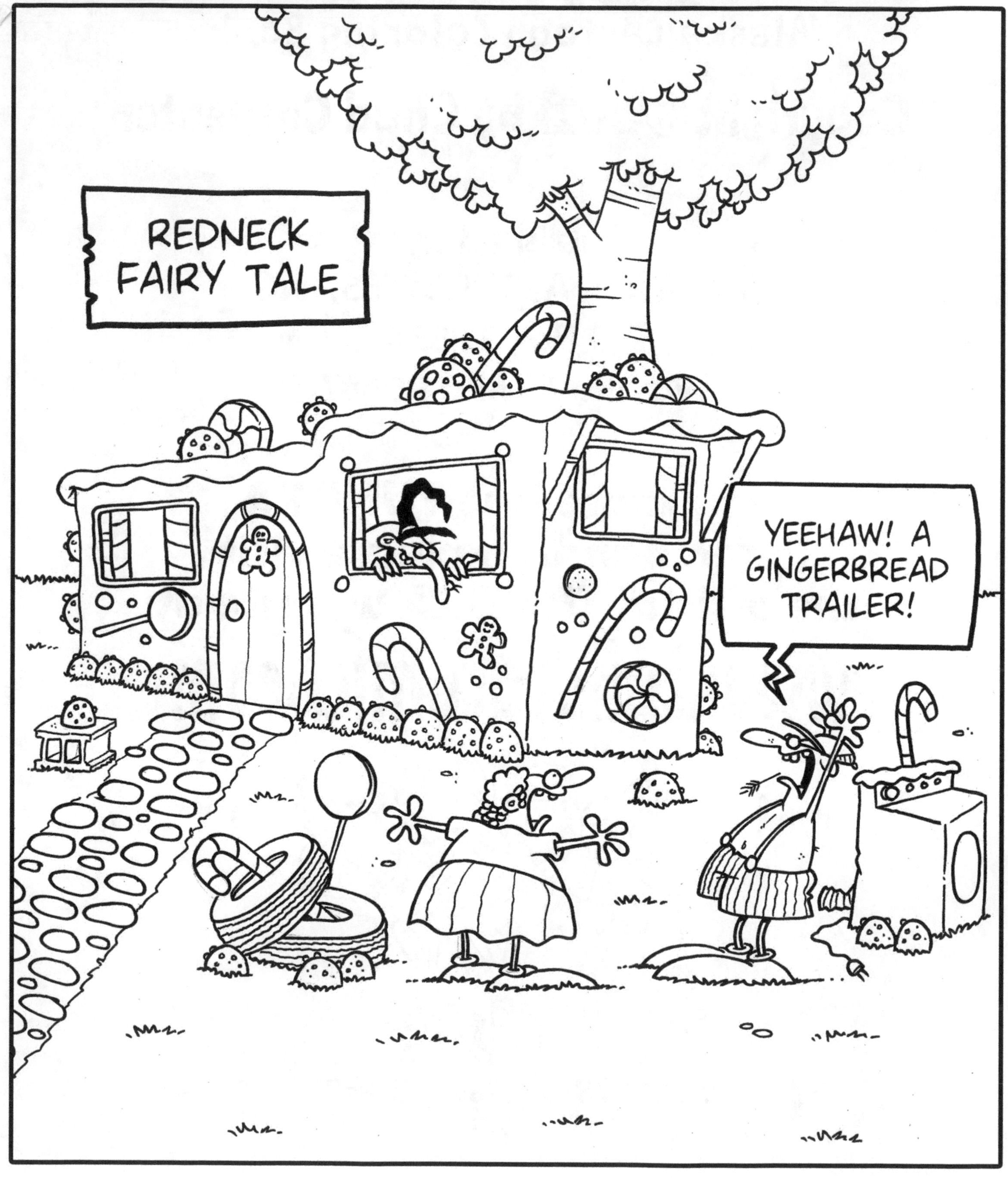
REDNECK FAIRY TALE
YEEHAW! A GINGERBREAD TRAILER!

www.tundracomics.com

TUNDRA

by Chad Carpenter

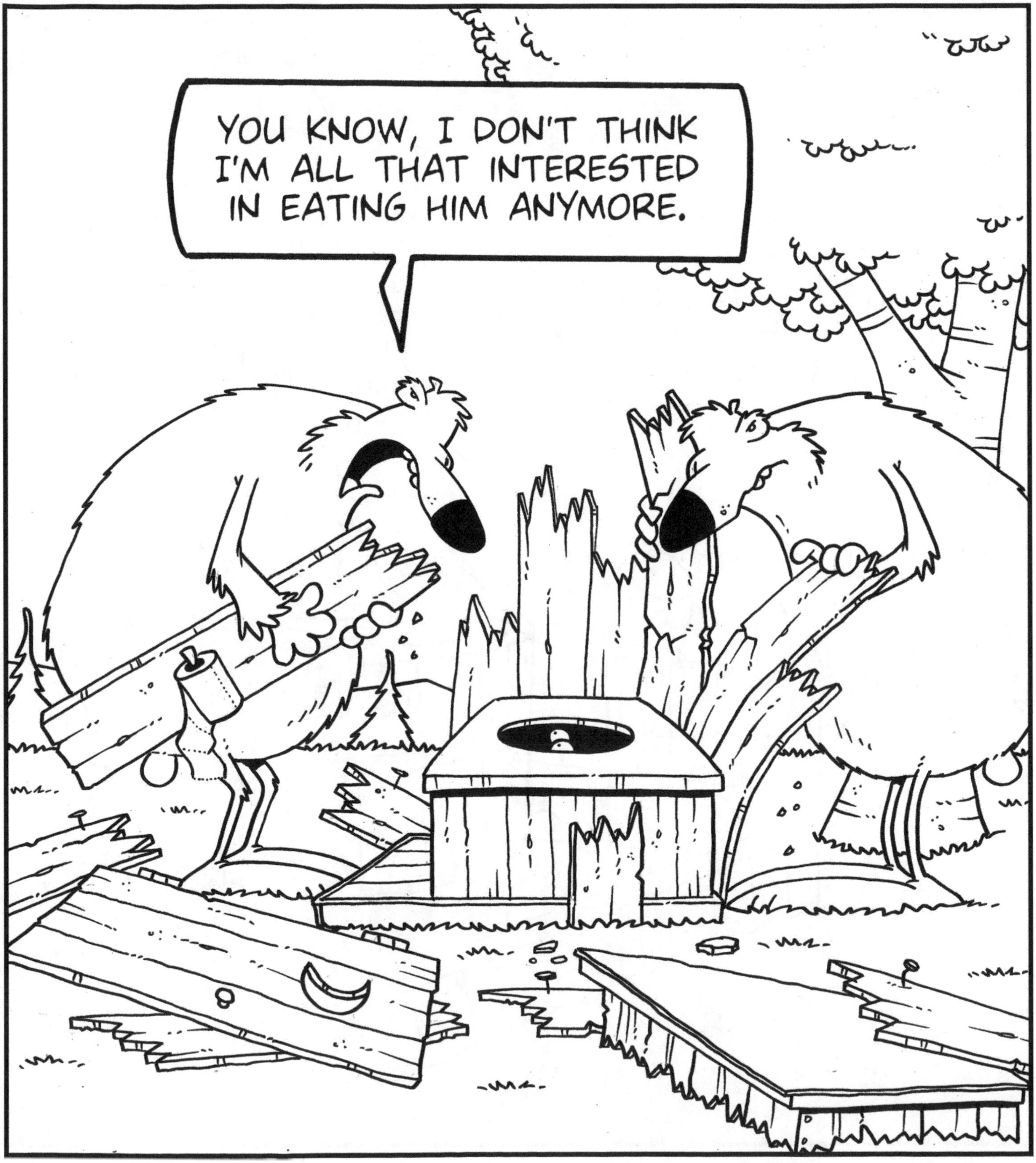
YOU KNOW, I DON'T THINK I'M ALL THAT INTERESTED IN EATING HIM ANYMORE.

www.tundracomics.com

TUNDRA

by Chad Carpenter

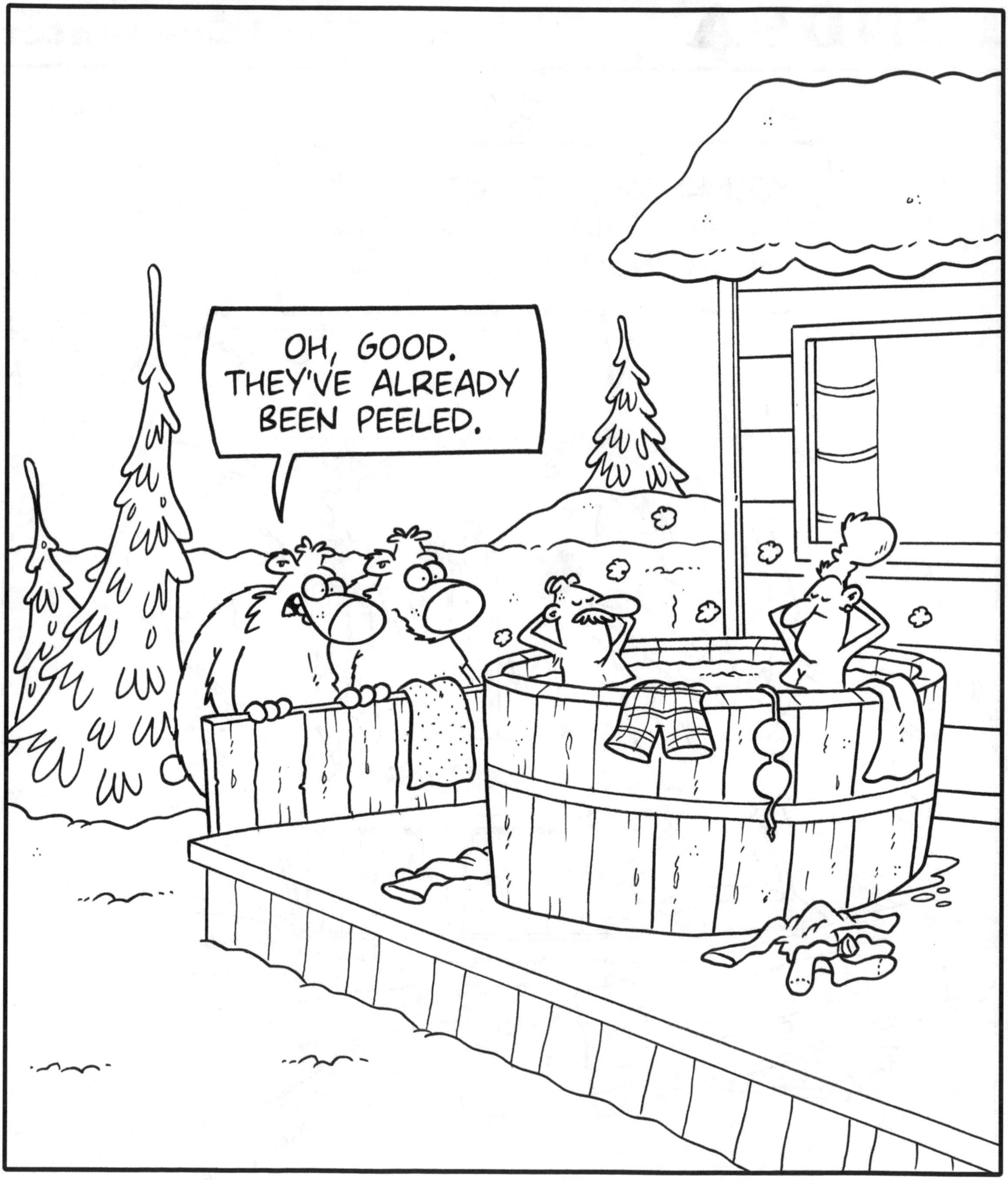
OH, GOOD. THEY'VE ALREADY BEEN PEELED.

TUNDRA

by Chad Carpenter

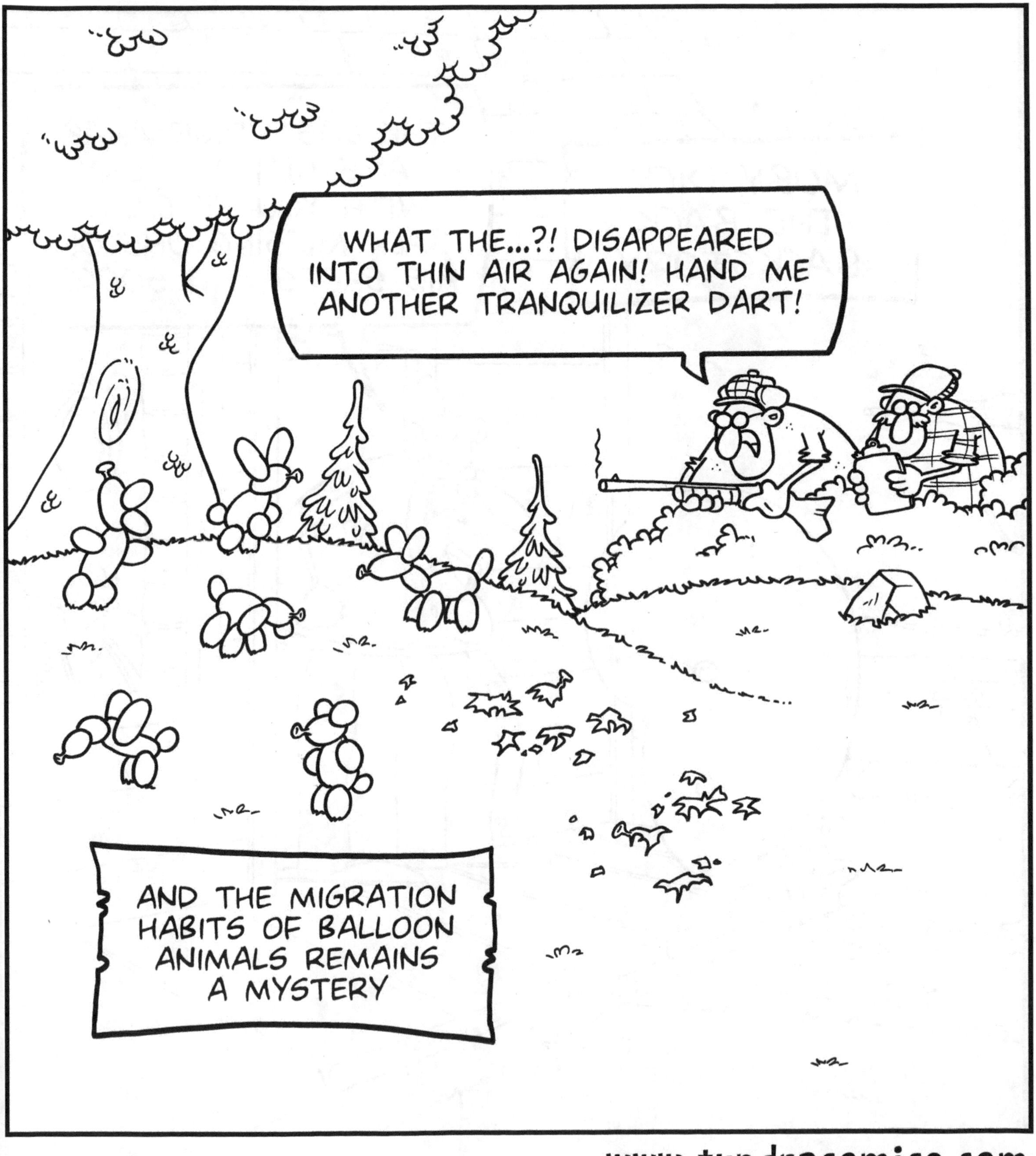
WHAT THE...?! DISAPPEARED INTO THIN AIR AGAIN! HAND ME ANOTHER TRANQUILIZER DART!
AND THE MIGRATION HABITS OF BALLOON ANIMALS REMAINS A MYSTERY

www.tundracomics.com

TUNDRA

by Chad Carpenter

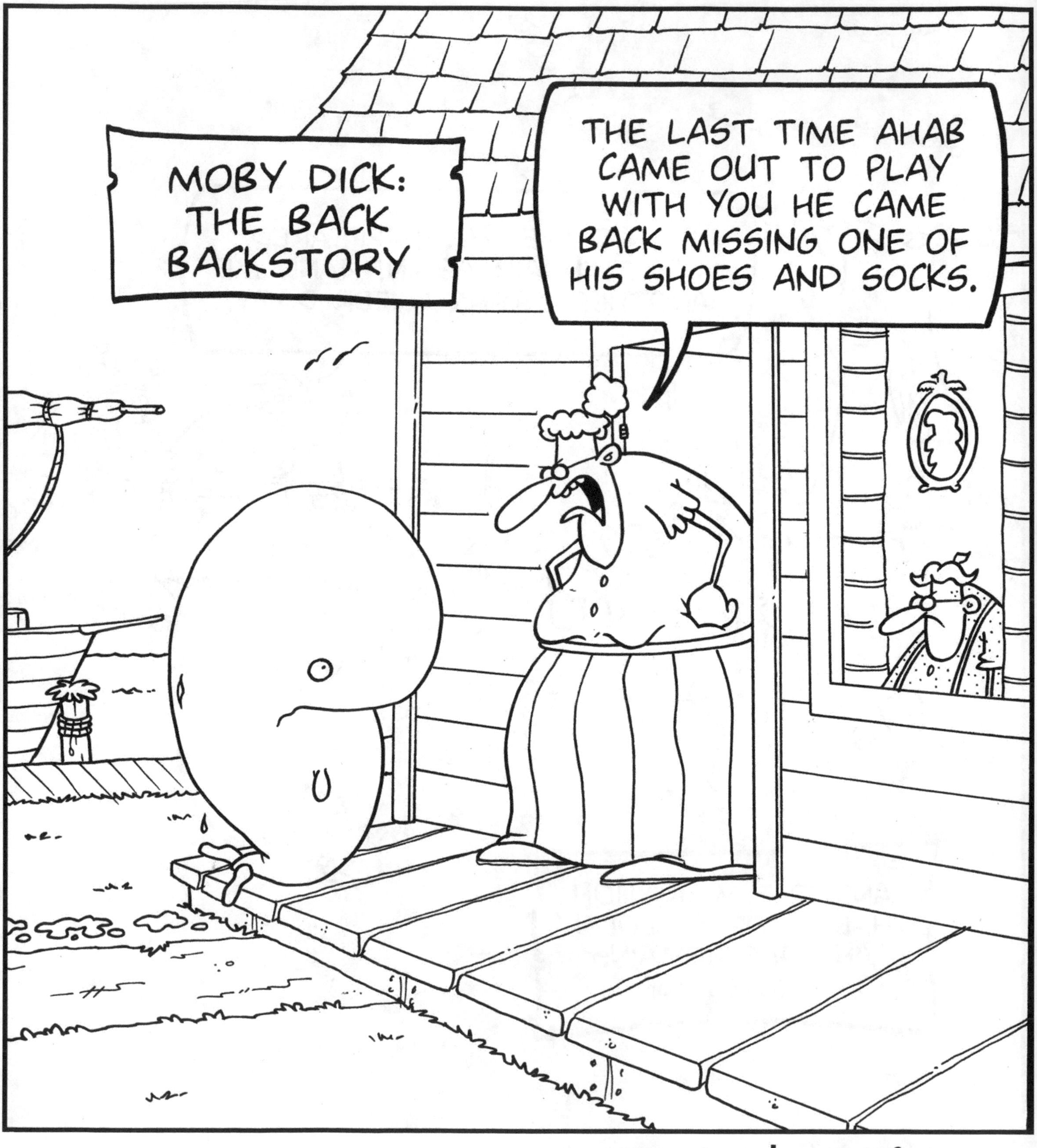
MOBY DICK: THE BACK BACKSTORY
THE LAST TIME AHAB CAME OUT TO PLAY WITH YOU HE CAME BACK MISSING ONE OF HIS SHOES AND SOCKS.

www.tundracomics.com

TUNDRA

by Chad Carpenter

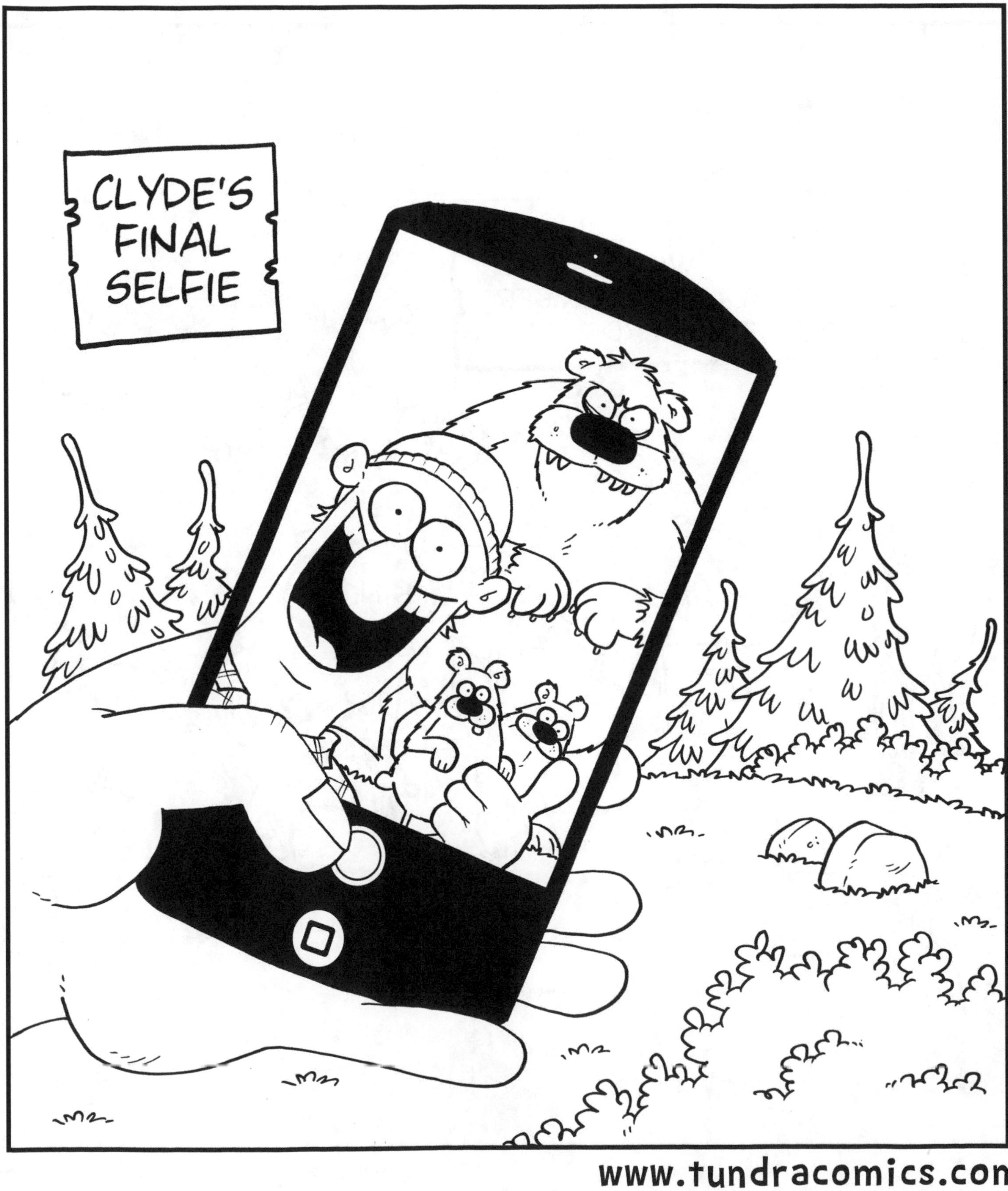
CLYDE'S FINAL SELFIE

www.tundracomics.com

TUNDRA

by Chad Carpenter

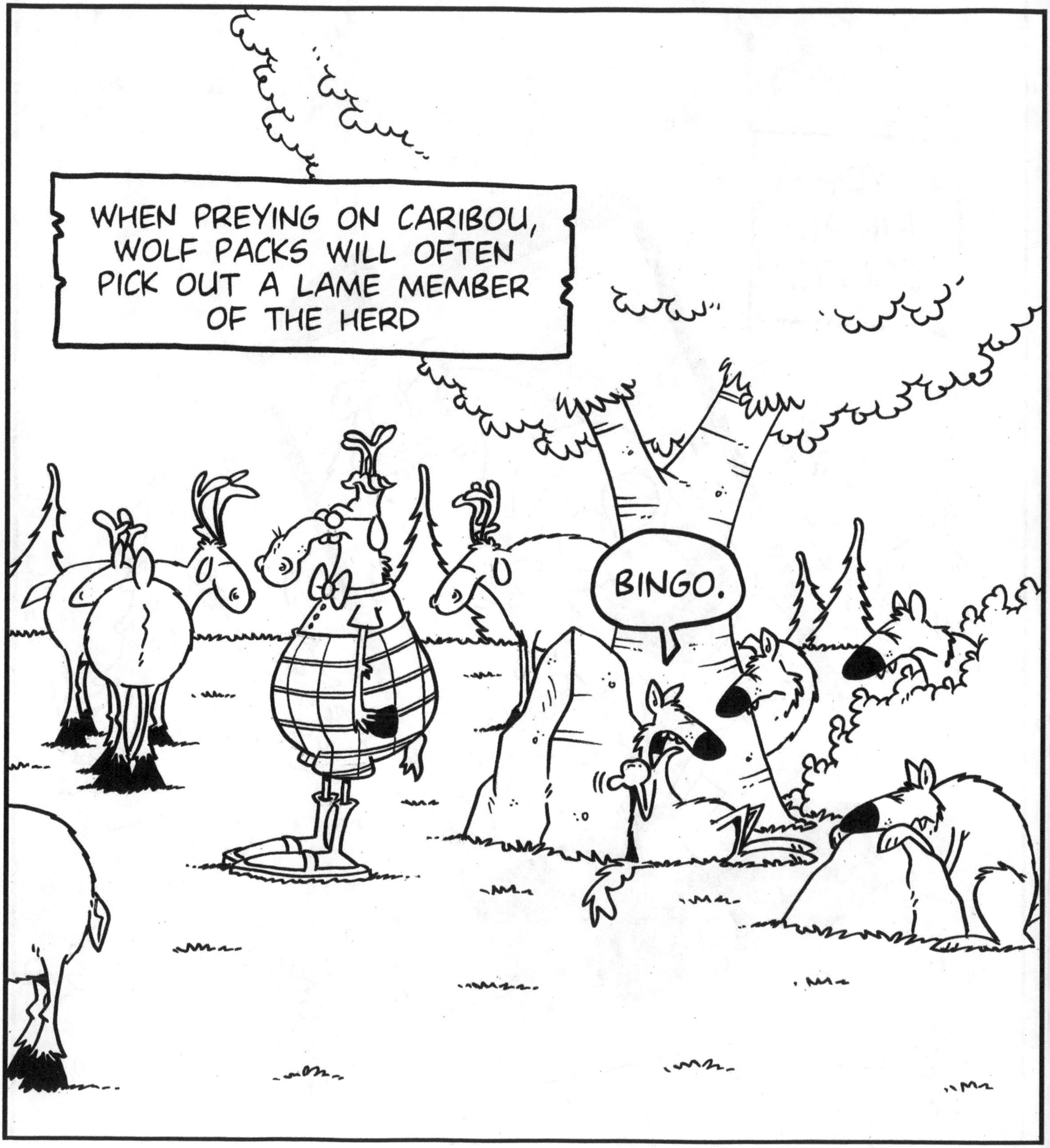

WHEN PREYING ON CARIBOU, WOLF PACKS WILL OFTEN PICK OUT A LAME MEMBER OF THE HERD
BINGO.

www.tundracomics.com

TUNDRA

by Chad Carpenter

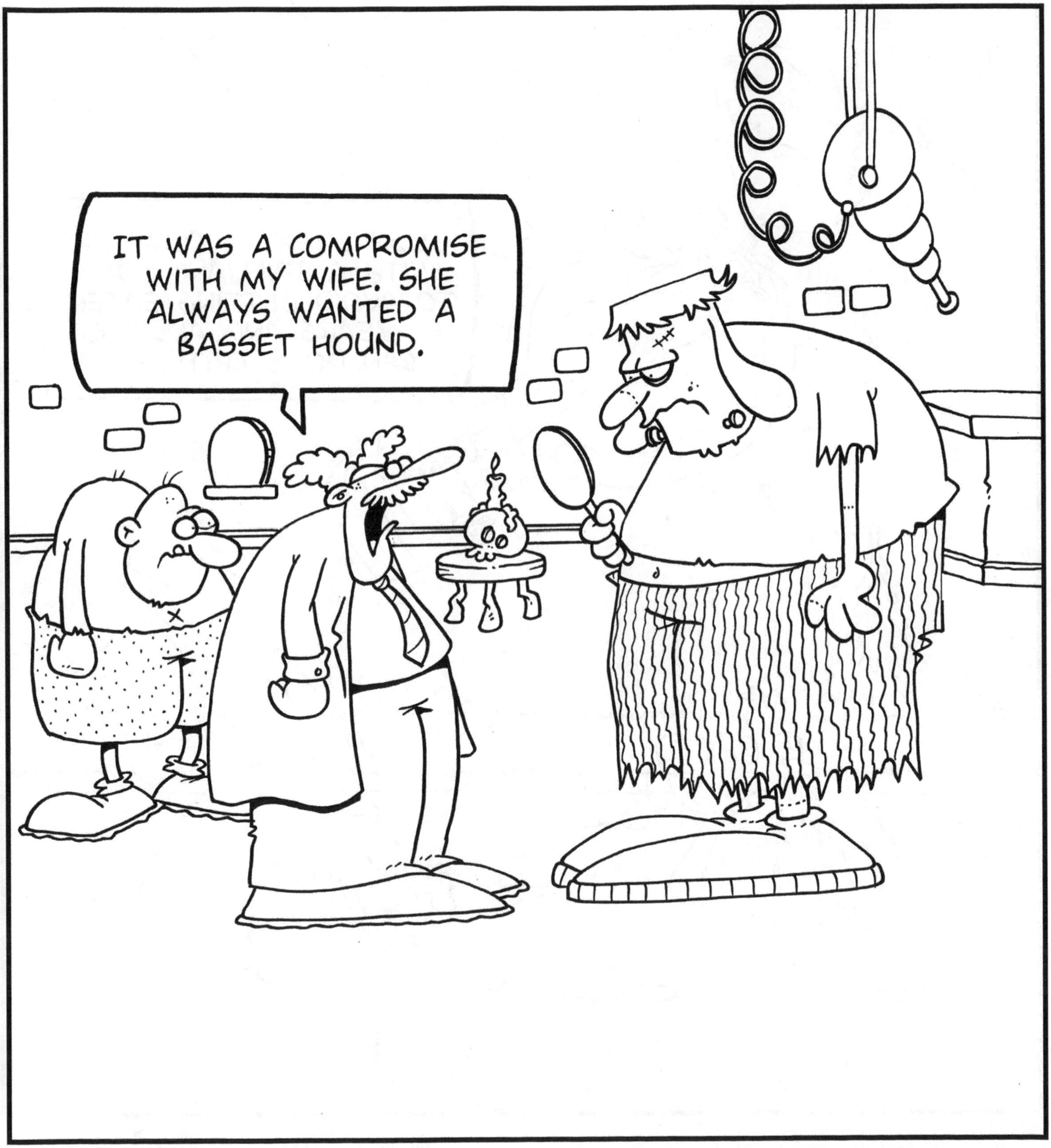
IT WAS A COMPROMISE WITH MY WIFE. SHE ALWAYS WANTED A BASSET HOUND.

www.tundracomics.com

TUNDRA

by Chad Carpenter

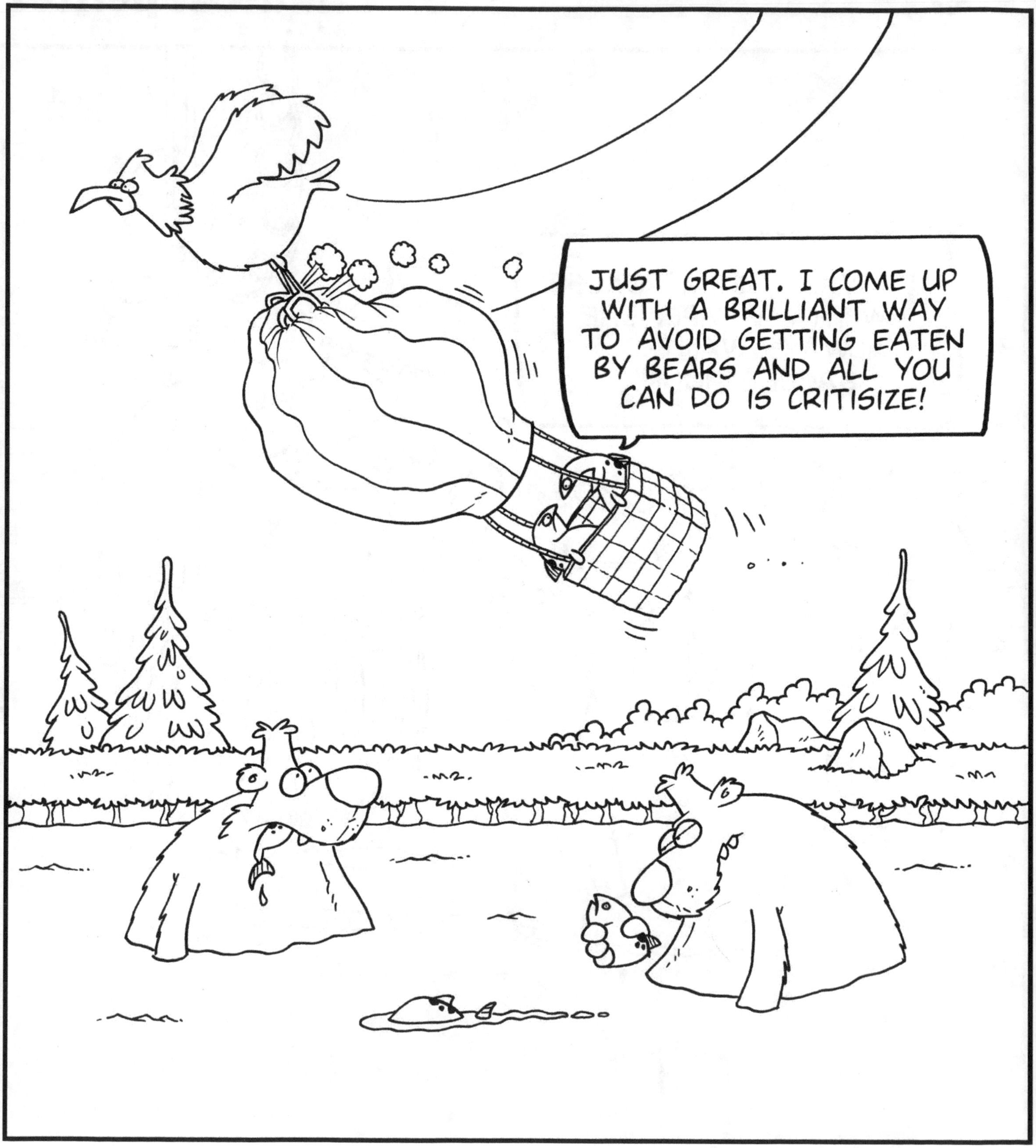
JUST GREAT. I COME UP WITH A BRILLIANT WAY TO AVOID GETTING EATEN BY BEARS AND ALL YOU CAN DO IS CRITISIZE!

www.tundracomics.com

TUNDRA

by Chad Carpenter

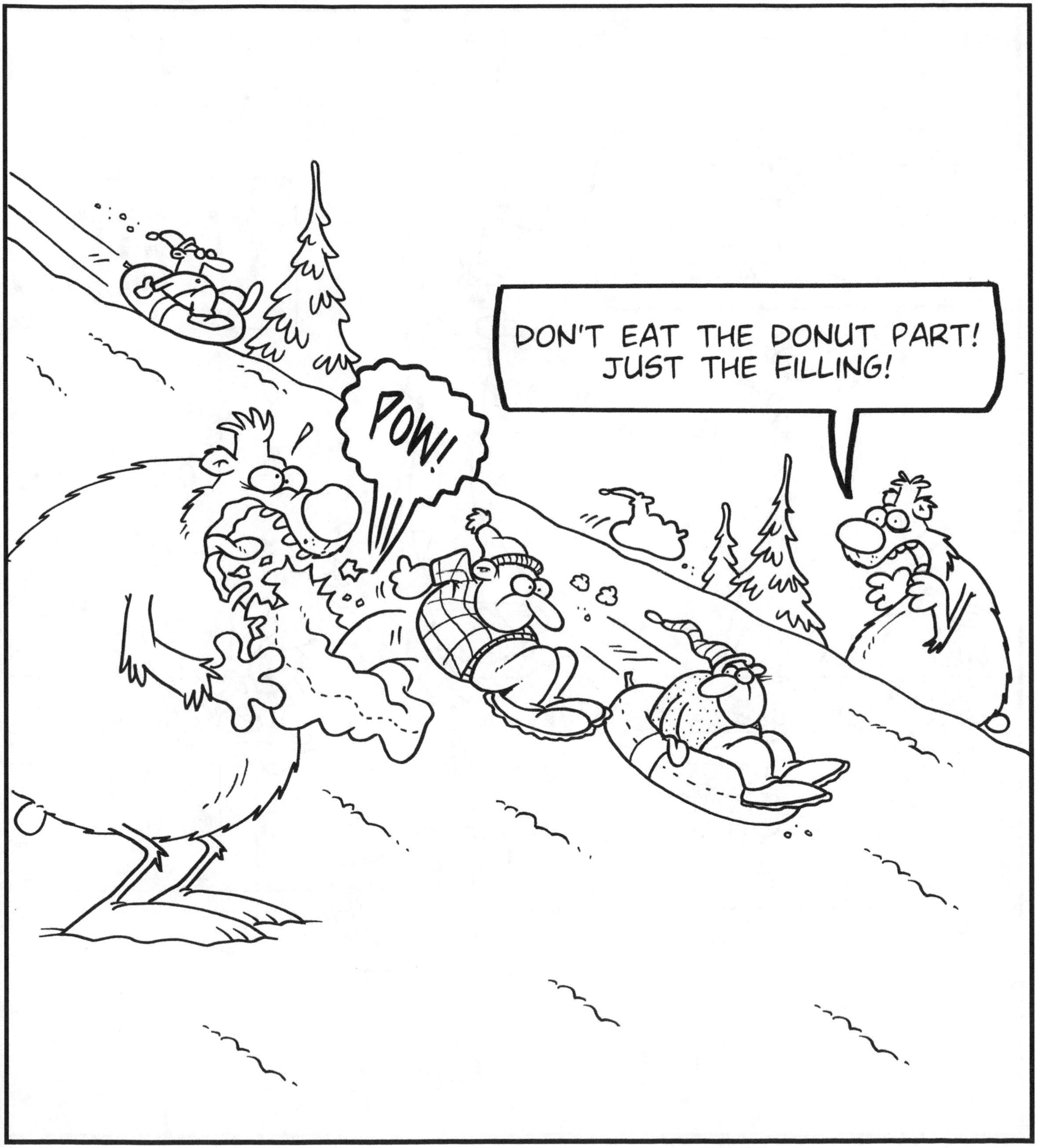

POW!
DON'T EAT THE DONUT PART! JUST THE FILLING!

www.tundracomics.com

TUNDRA

by Chad Carpenter

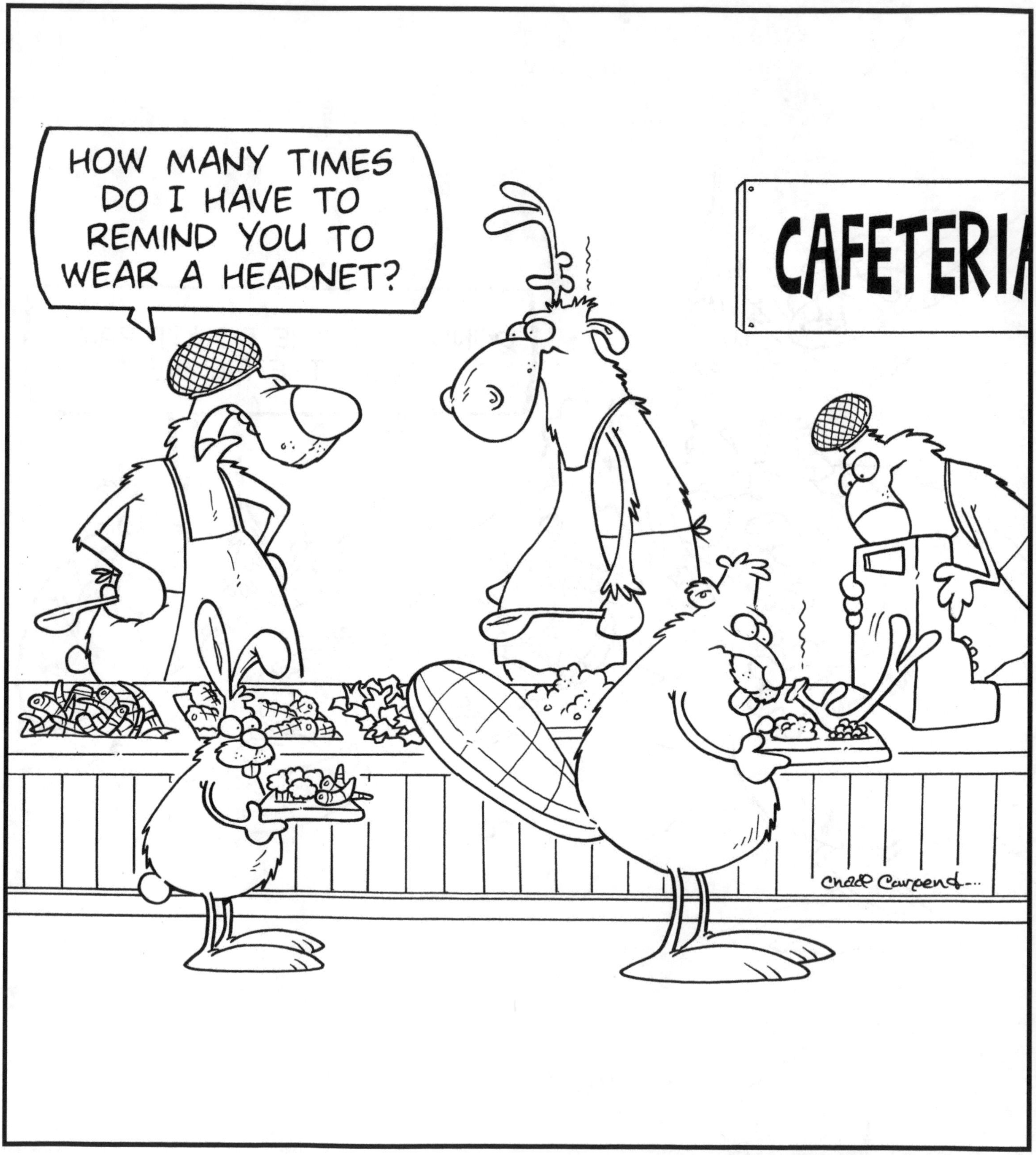
HOW MANY TIMES DO I HAVE TO REMIND YOU TO WEAR A HEADNET?
CAFETERIA

www.tundracomics.com

TUNDRA

by Chad Carpenter

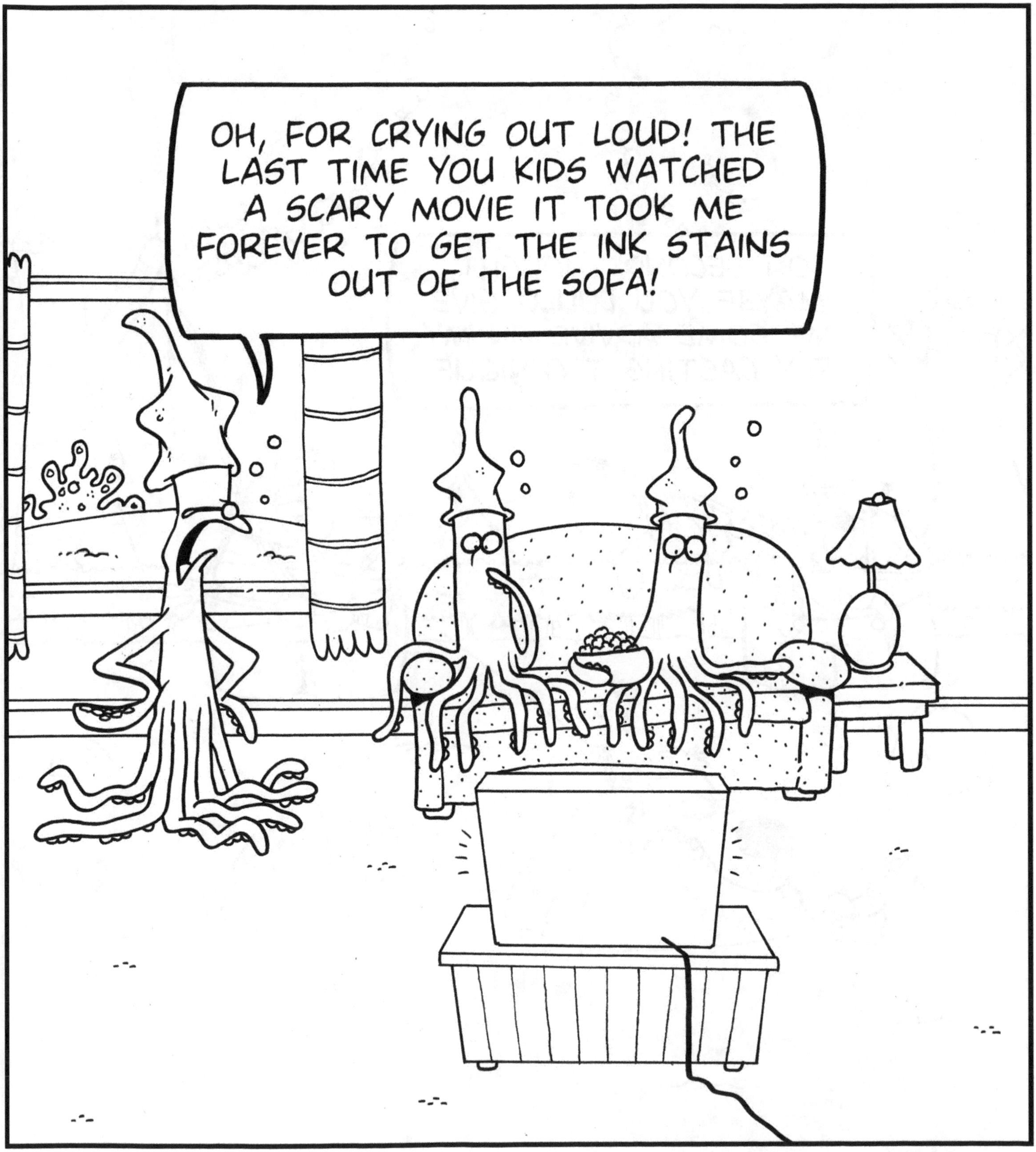
OH, FOR CRYING OUT LOUD! THE LAST TIME YOU KIDS WATCHED A SCARY MOVIE IT TOOK ME FOREVER TO GET THE INK STAINS OUT OF THE SOFA!

www.tundracomics.com

TUNDRA

by Chad Carpenter

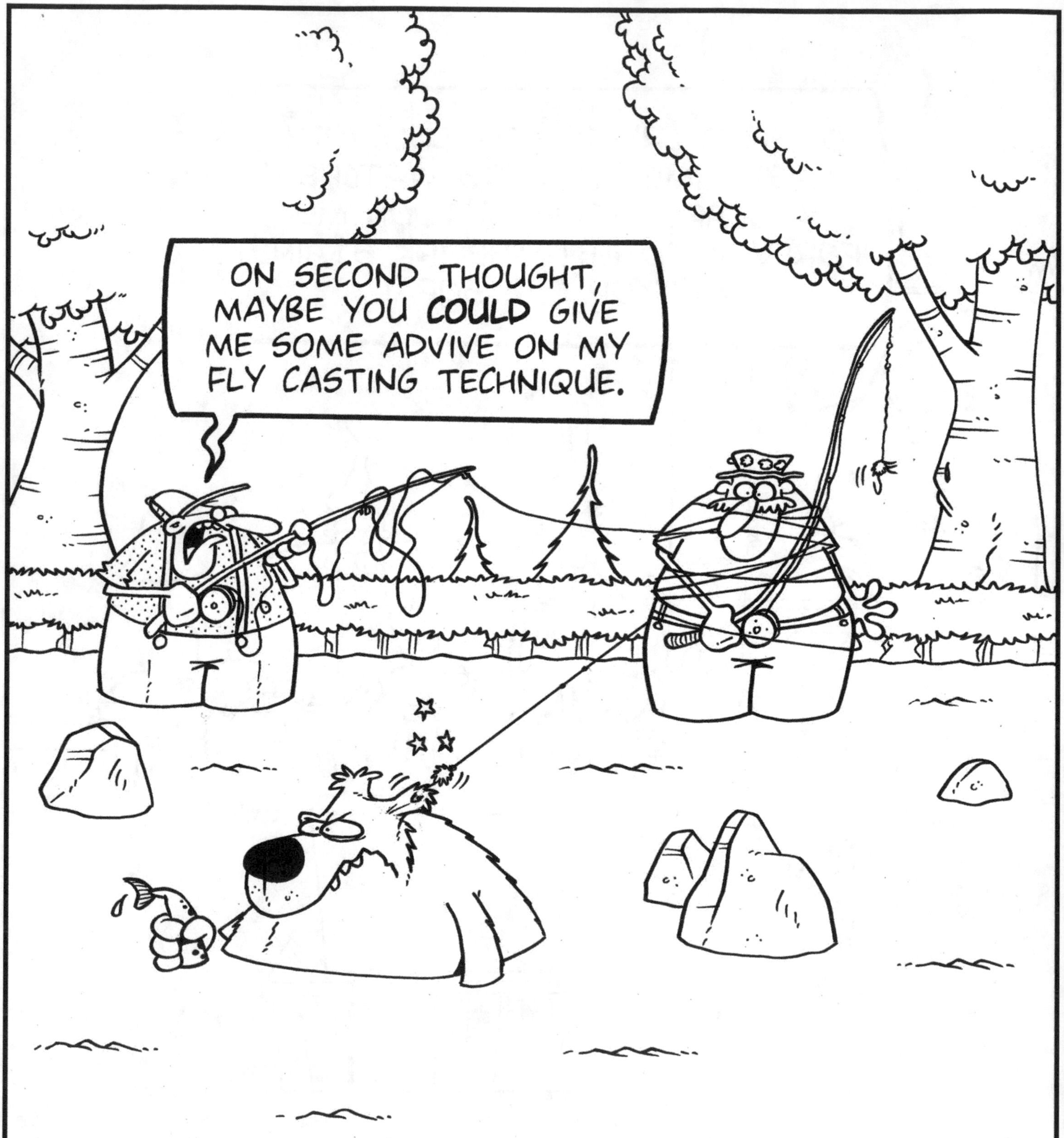
ON SECOND THOUGHT, MAYBE YOU **COULD** GIVE ME SOME ADVIVE ON MY FLY CASTING TECHNIQUE.

www.tundracomics.com

TUNDRA

by Chad Carpenter

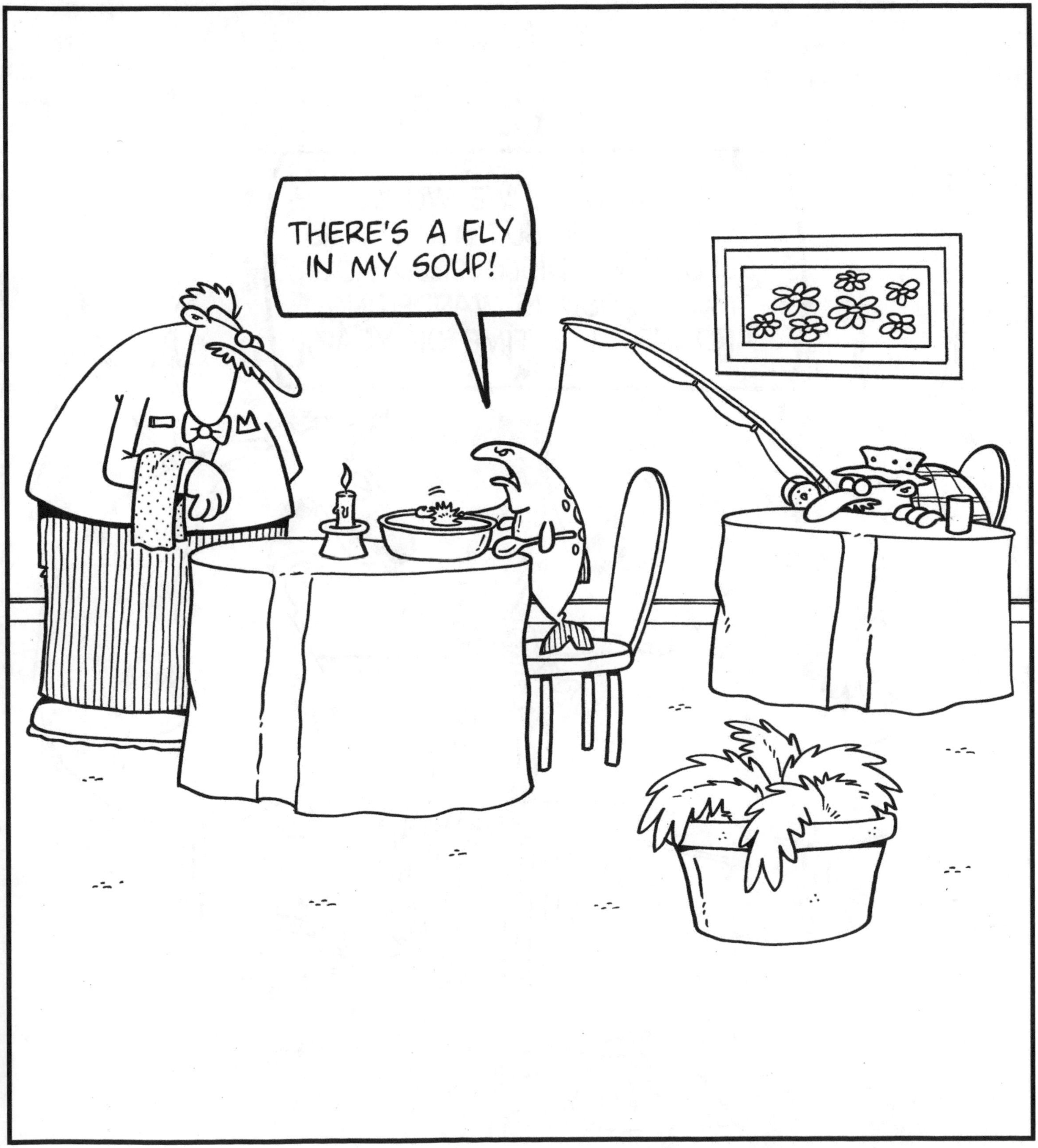
THERE'S A FLY IN MY SOUP!

www.tundracomics.com

TUNDRA

by Chad Carpenter

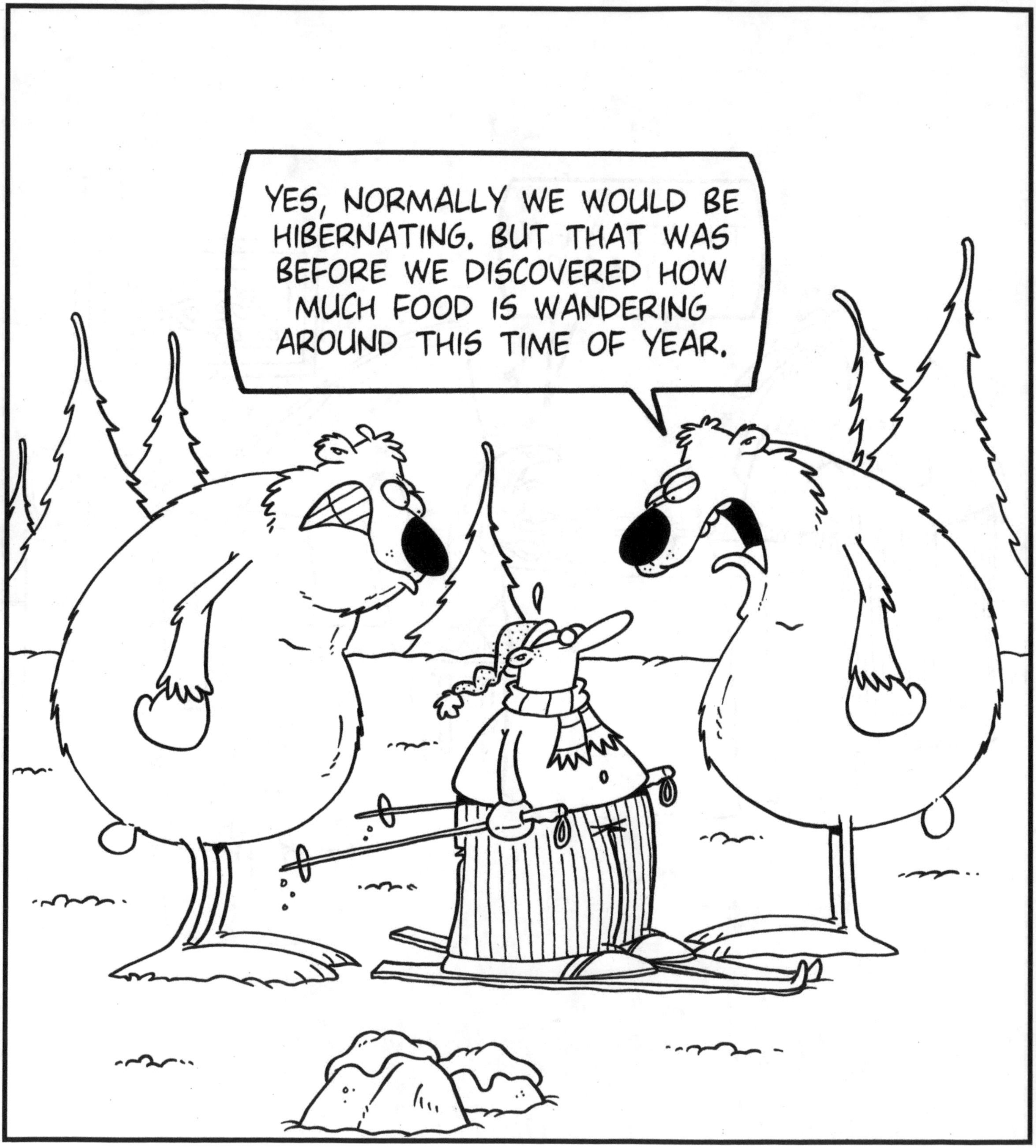
YES, NORMALLY WE WOULD BE HIBERNATING. BUT THAT WAS BEFORE WE DISCOVERED HOW MUCH FOOD IS WANDERING AROUND THIS TIME OF YEAR.

www.tundracomics.com

TUNDRA

by Chad Carpenter

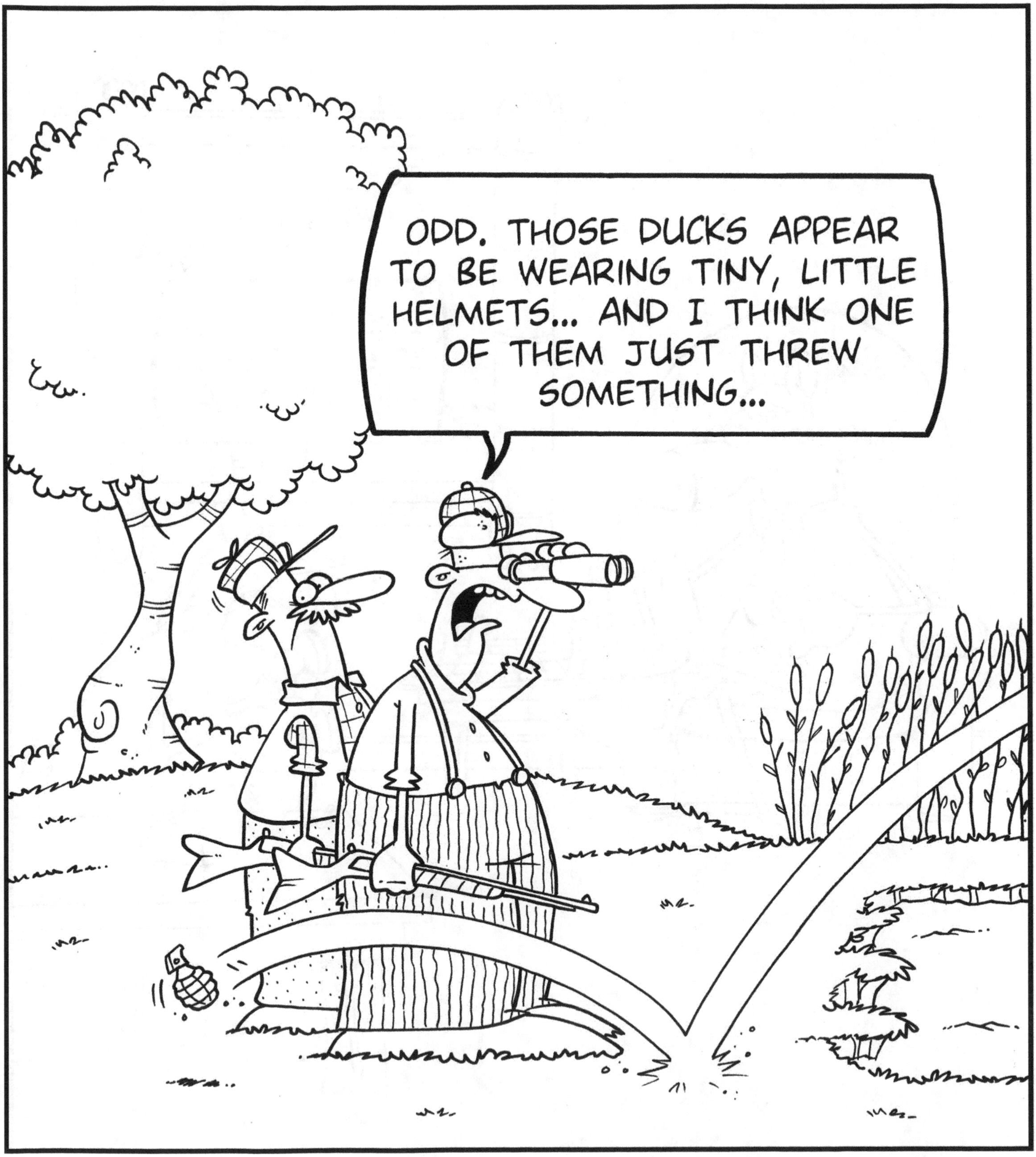
ODD. THOSE DUCKS APPEAR TO BE WEARING TINY, LITTLE HELMETS... AND I THINK ONE OF THEM JUST THREW SOMETHING...

TUNDRA

by Chad Carpenter

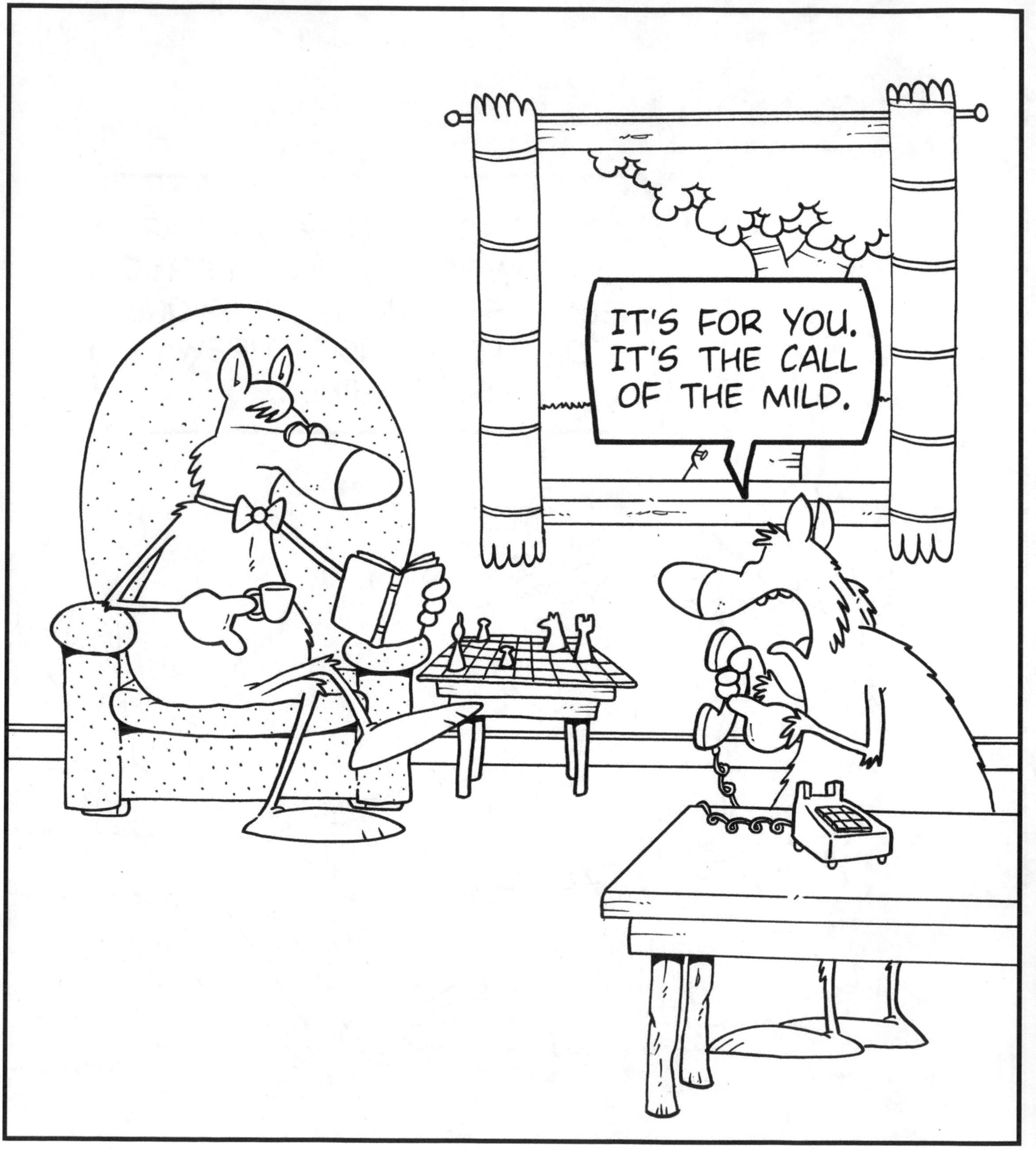
IT'S FOR YOU. IT'S THE CALL OF THE MILD.

www.tundracomics.com

TUNDRA

by Chad Carpenter

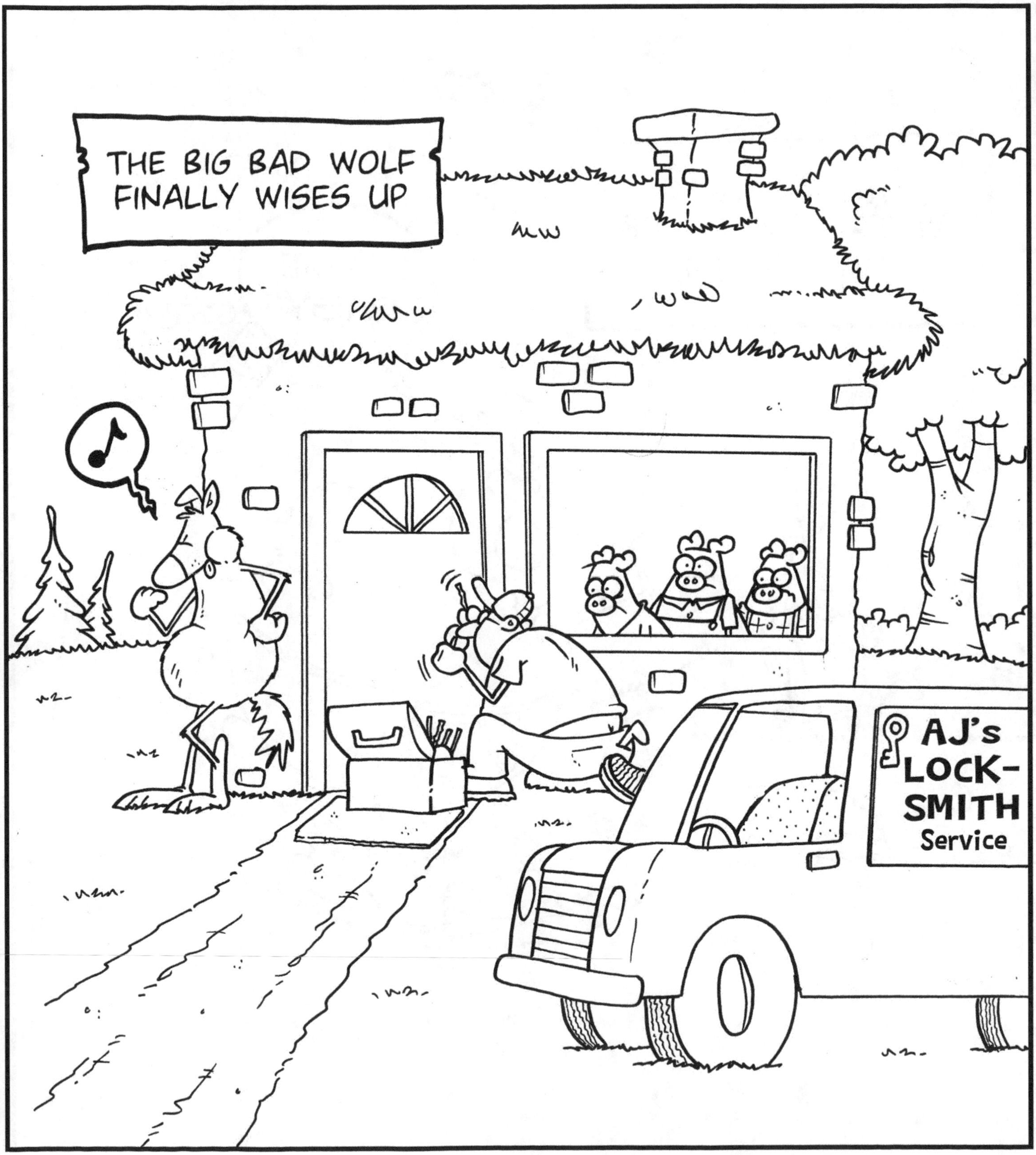
THE BIG BAD WOLF FINALLY WISES UP
AJ's LOCK-SMITH Service

www.tundracomics.com

TUNDRA

by Chad Carpenter

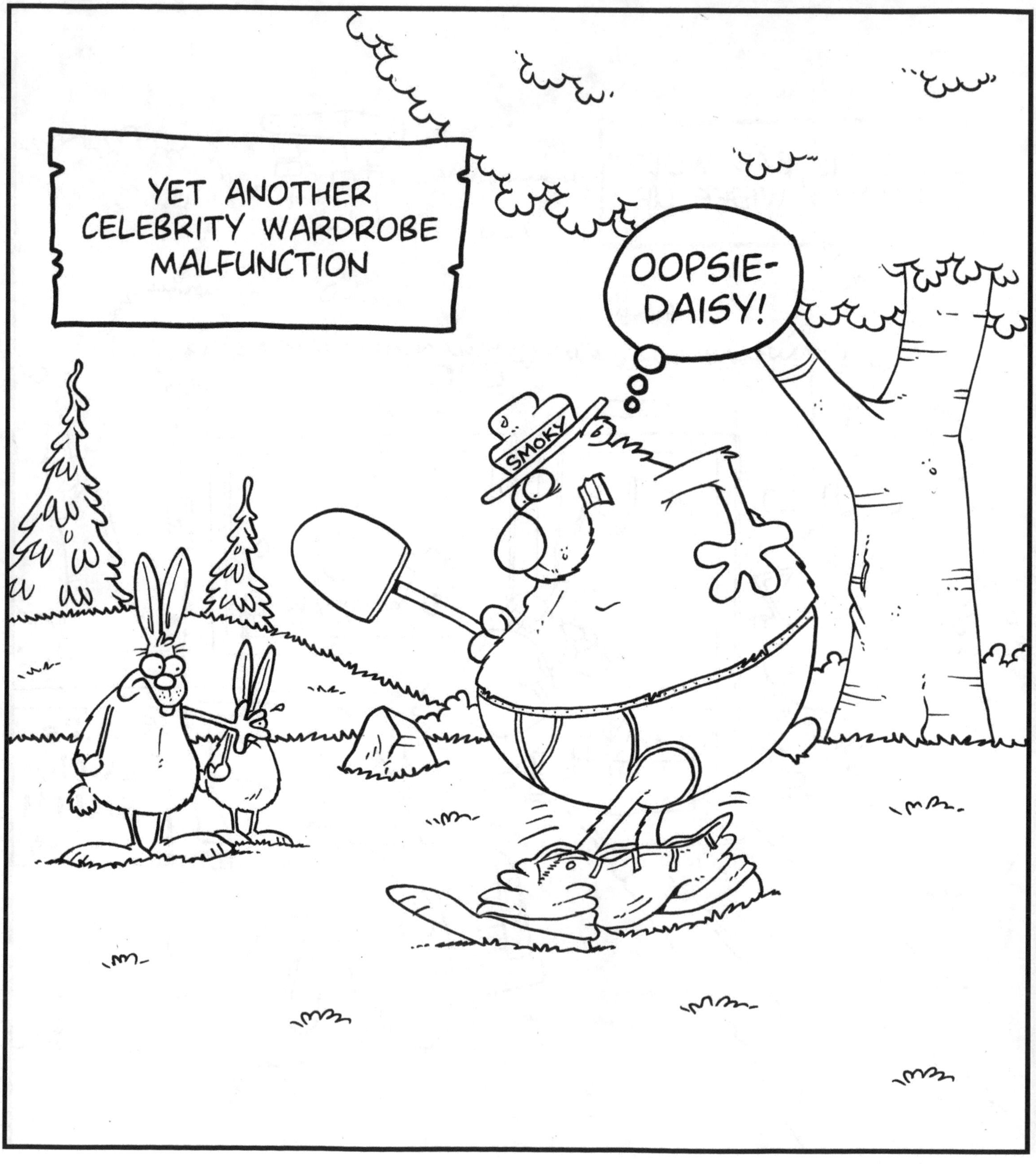
YET ANOTHER CELEBRITY WARDROBE MALFUNCTION
OOPSIE-DAISY!
SMOKY

www.tundracomics.com

TUNDRA

by Chad Carpenter

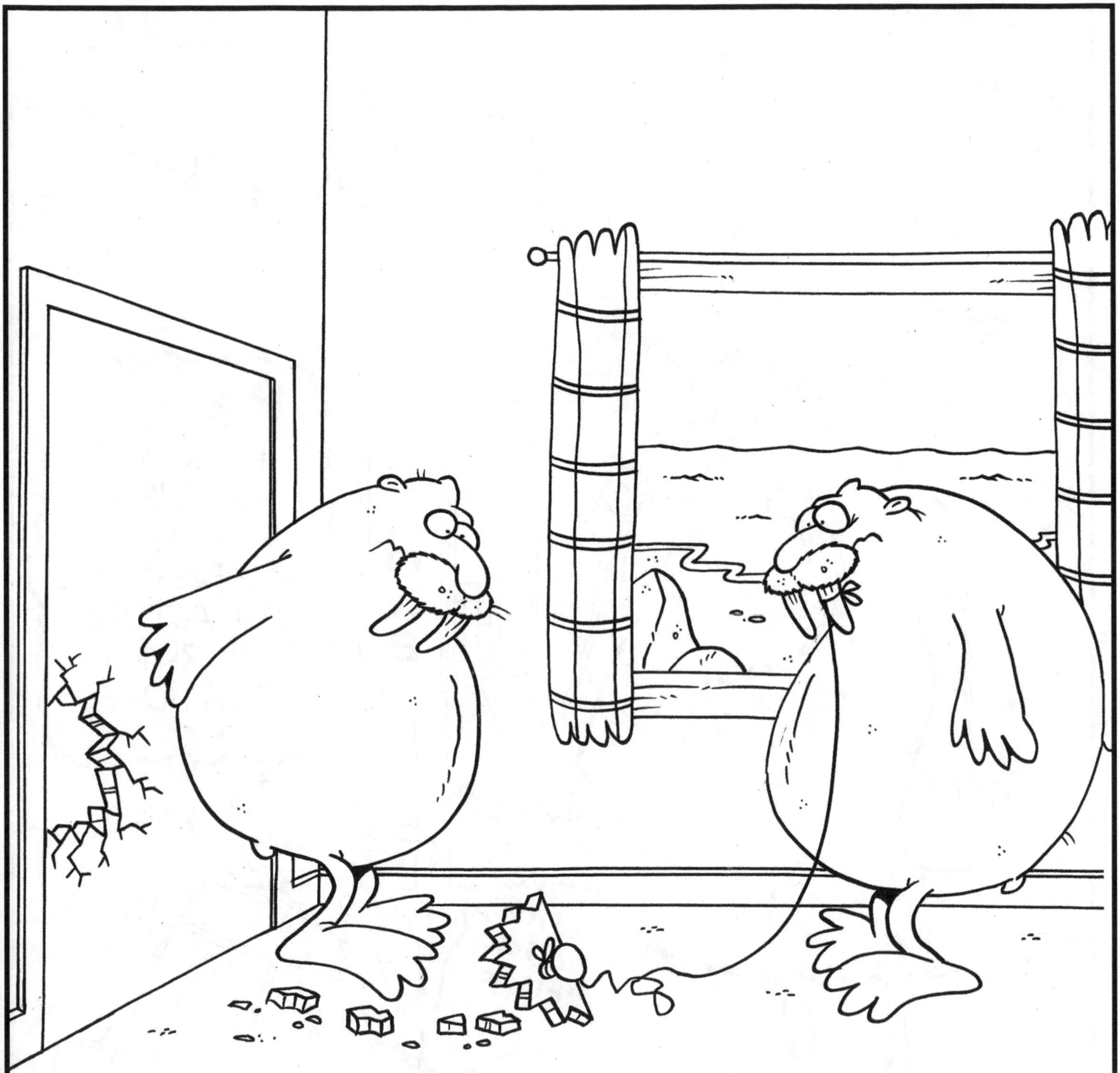

www.tundracomics.com

TUNDRA

by Chad Carpenter

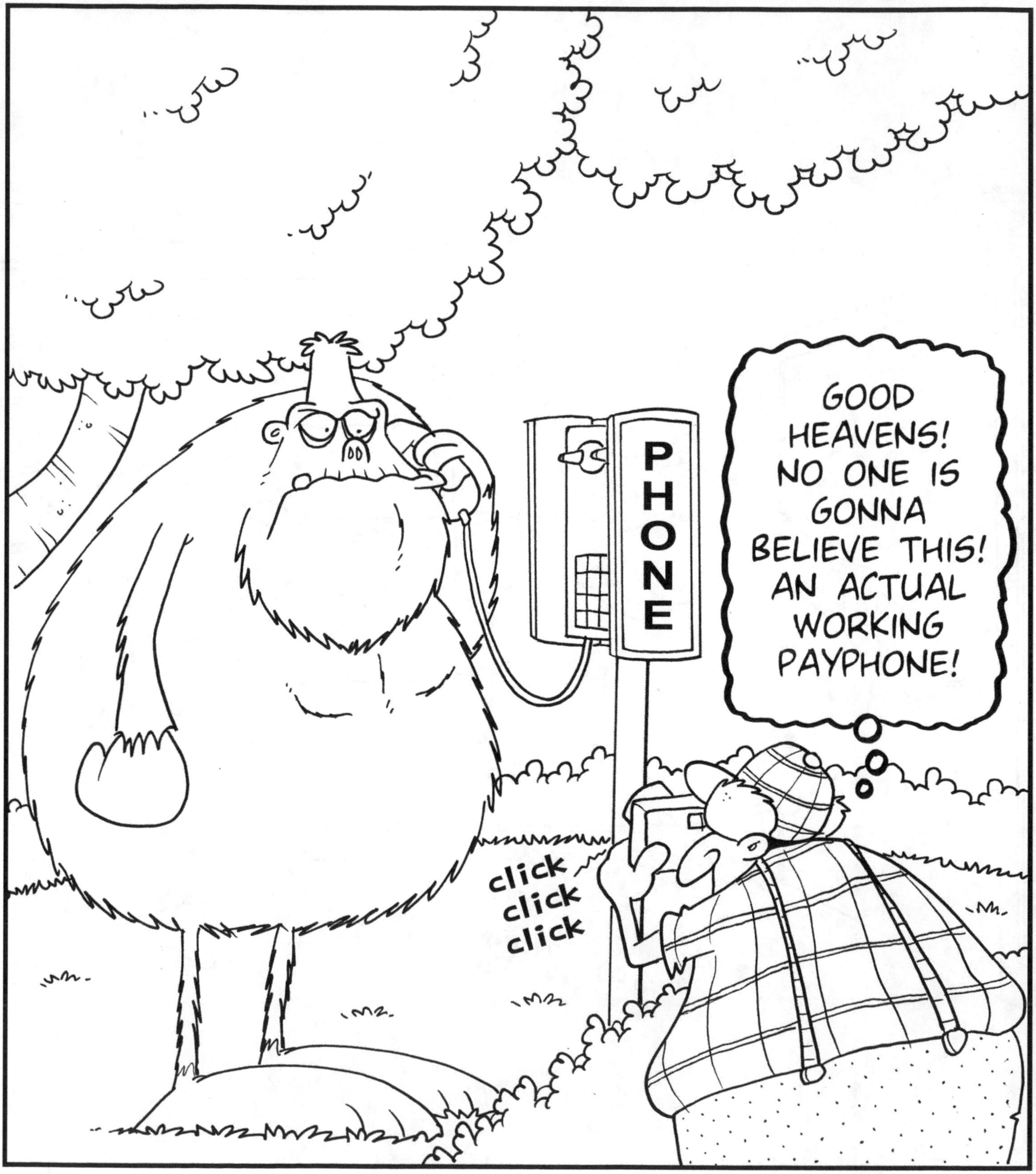
PHONE
GOOD HEAVENS! NO ONE IS GONNA BELIEVE THIS! AN ACTUAL WORKING PAYPHONE!
click click click

www.tundracomics.com

TUNDRA

by Chad Carpenter

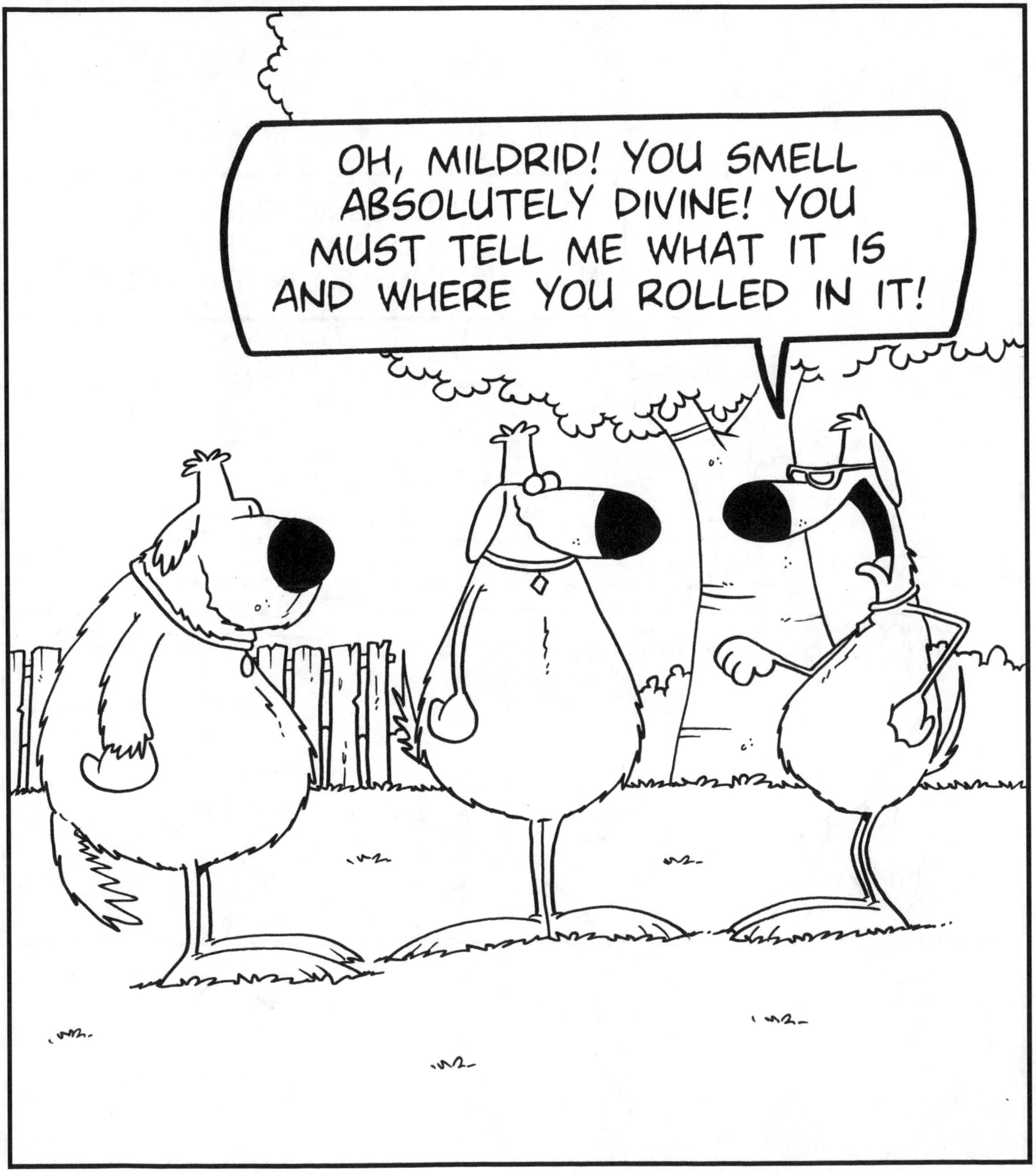
OH, MILDRID! YOU SMELL ABSOLUTELY DIVINE! YOU MUST TELL ME WHAT IT IS AND WHERE YOU ROLLED IN IT!

www.tundracomics.com

TUNDRA

by Chad Carpenter

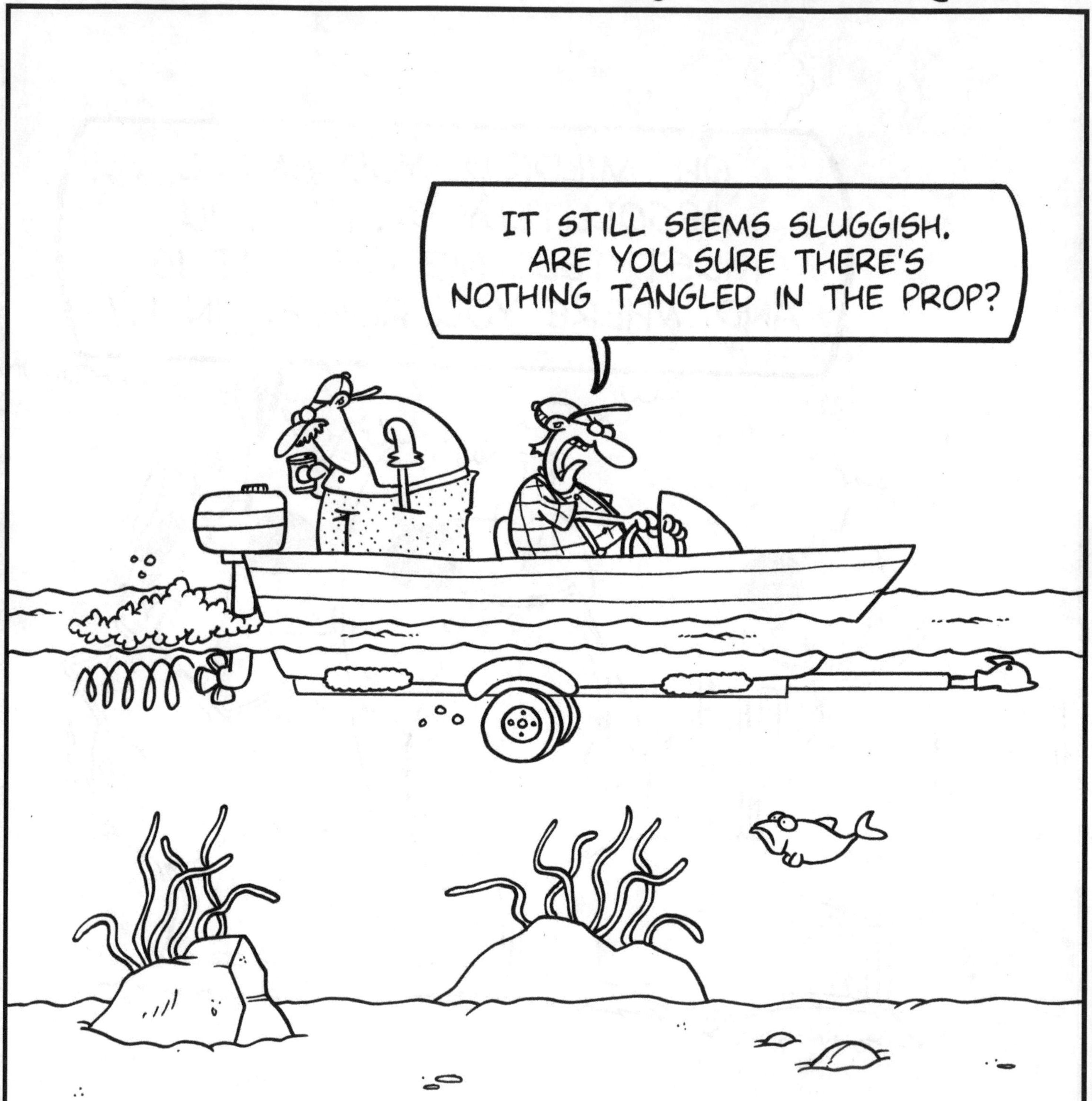
IT STILL SEEMS SLUGGISH. ARE YOU SURE THERE'S NOTHING TANGLED IN THE PROP?

www.tundracomics.com

TUNDRA

by Chad Carpenter

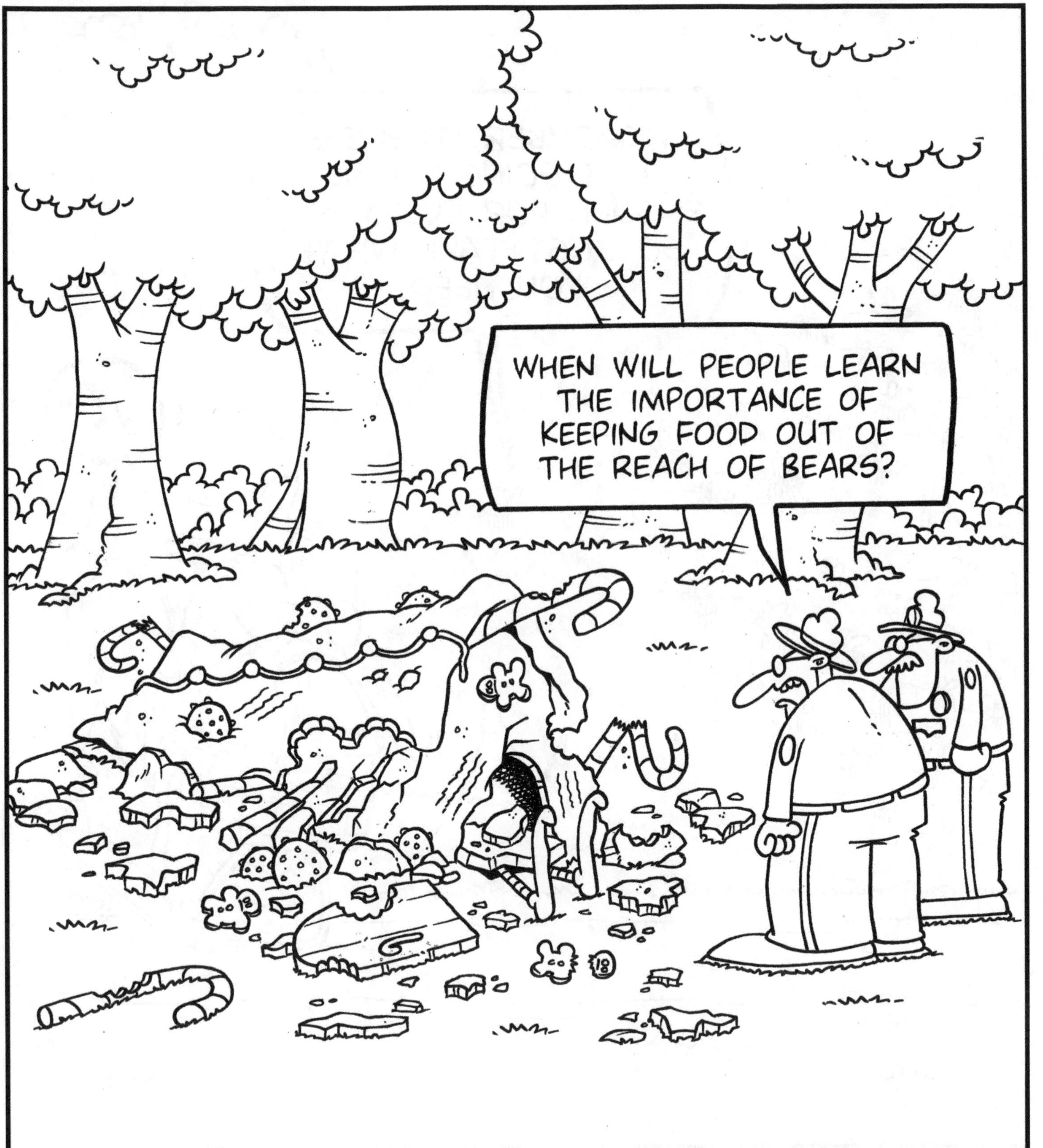
WHEN WILL PEOPLE LEARN THE IMPORTANCE OF KEEPING FOOD OUT OF THE REACH OF BEARS?

www.tundracomics.com

TUNDRA

by Chad Carpenter

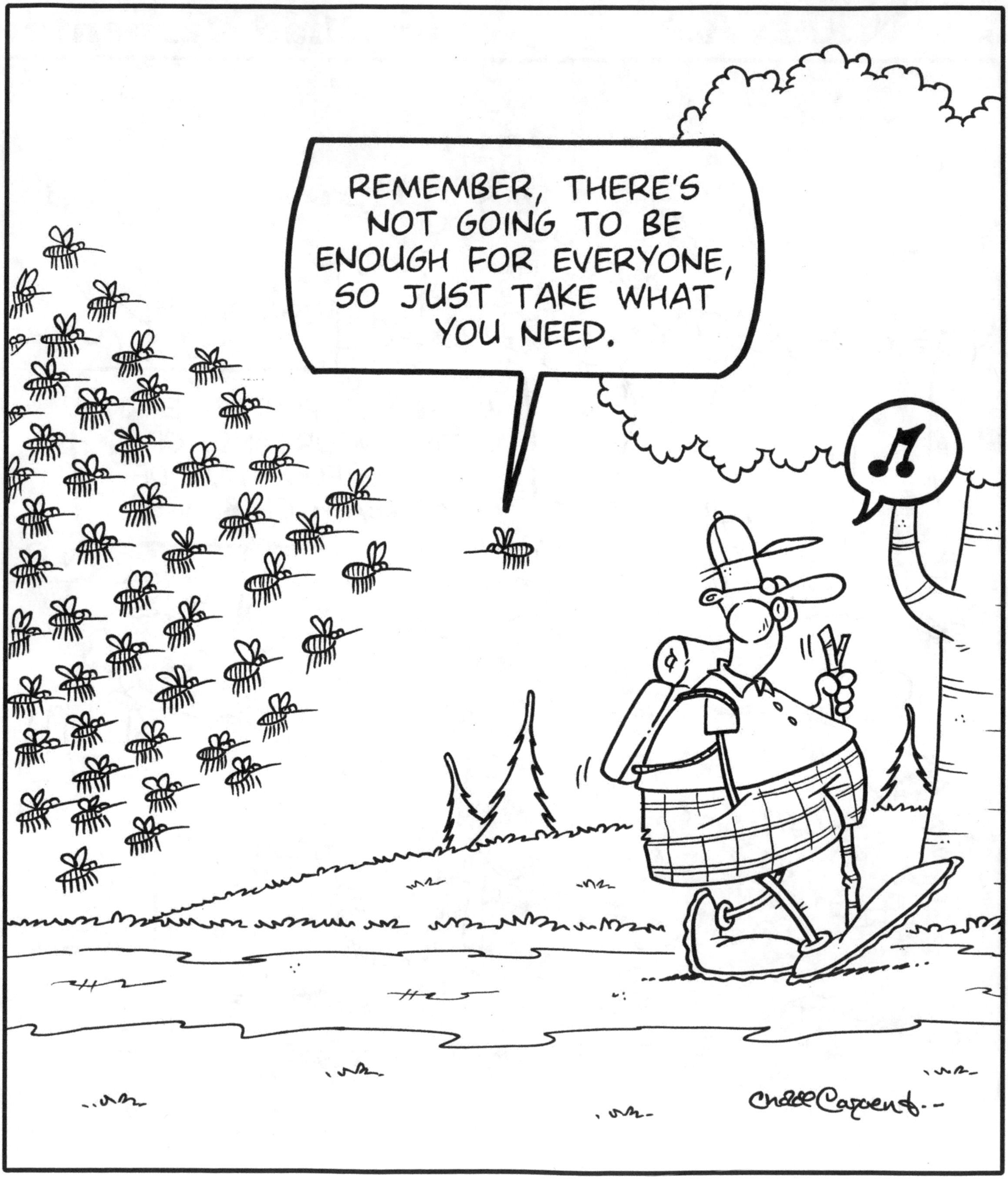
REMEMBER, THERE'S NOT GOING TO BE ENOUGH FOR EVERYONE, SO JUST TAKE WHAT YOU NEED.

www.tundracomics.com

TUNDRA

by Chad Carpenter

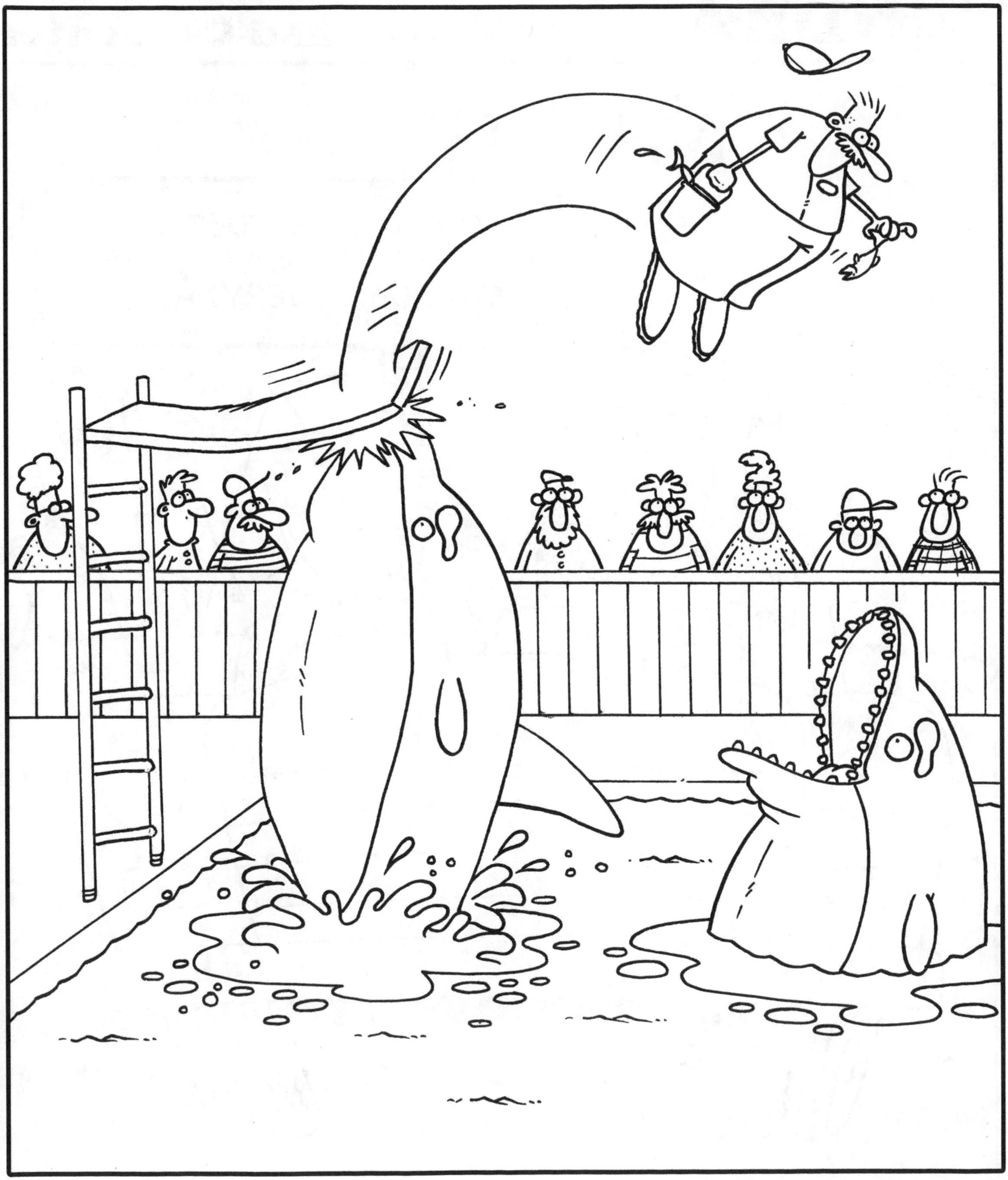

www.tundracomics.com

TUNDRA

by Chad Carpenter

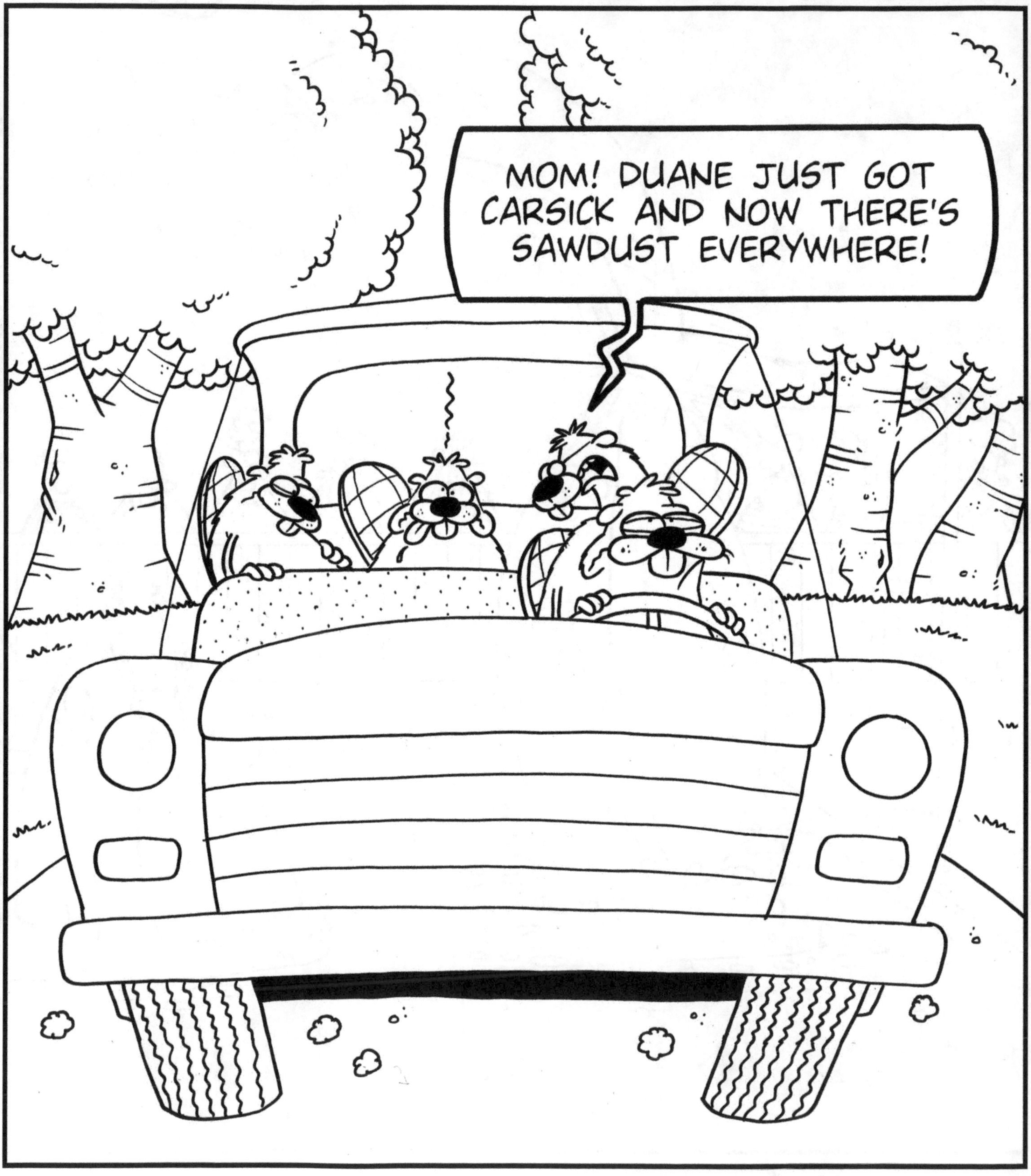
MOM! DUANE JUST GOT CARSICK AND NOW THERE'S SAWDUST EVERYWHERE!

TUNDRA

by Chad Carpenter

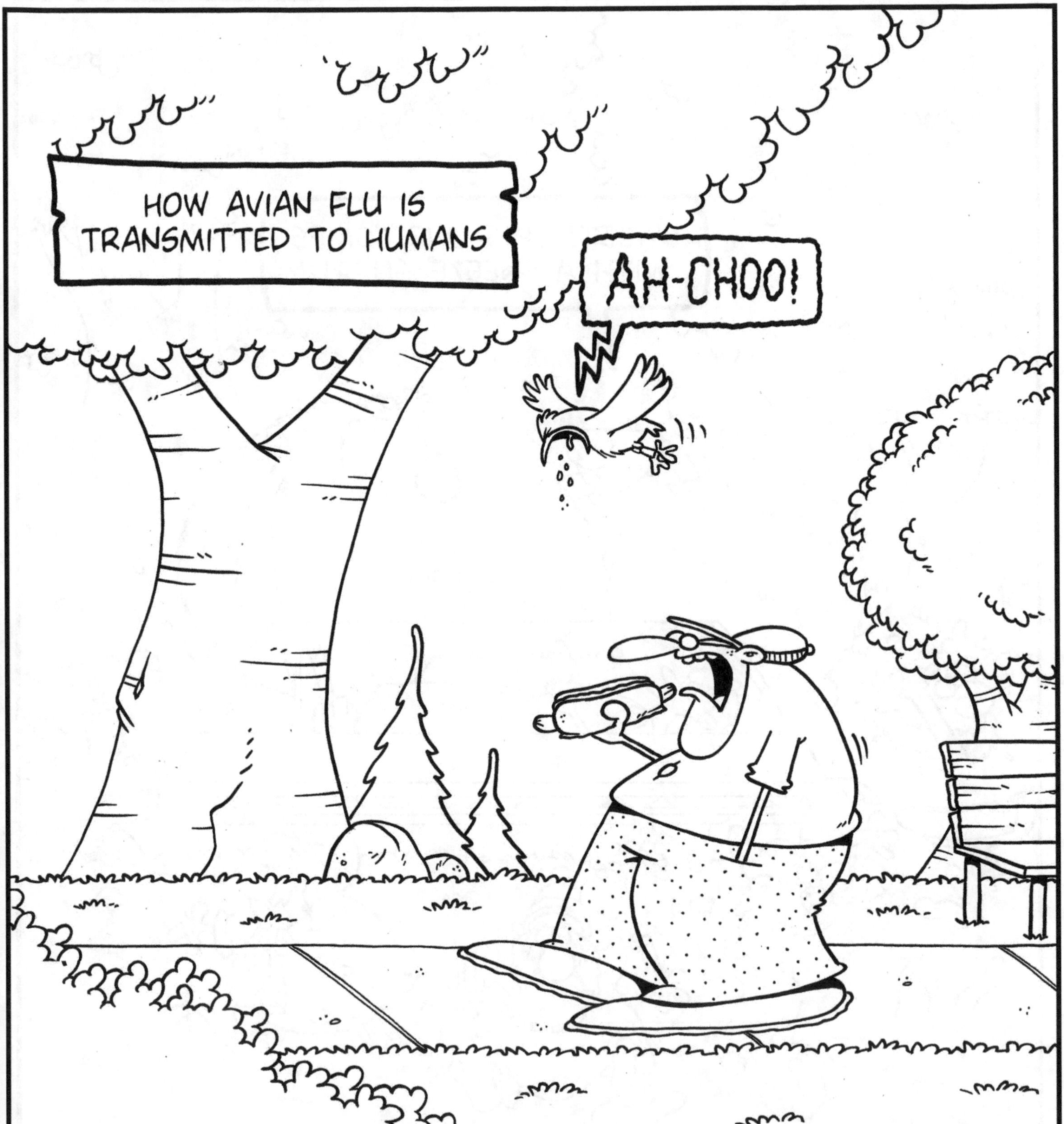
HOW AVIAN FLU IS TRANSMITTED TO HUMANS
AH-CHOO!

www.tundracomics.com

TUNDRA

by Chad Carpenter

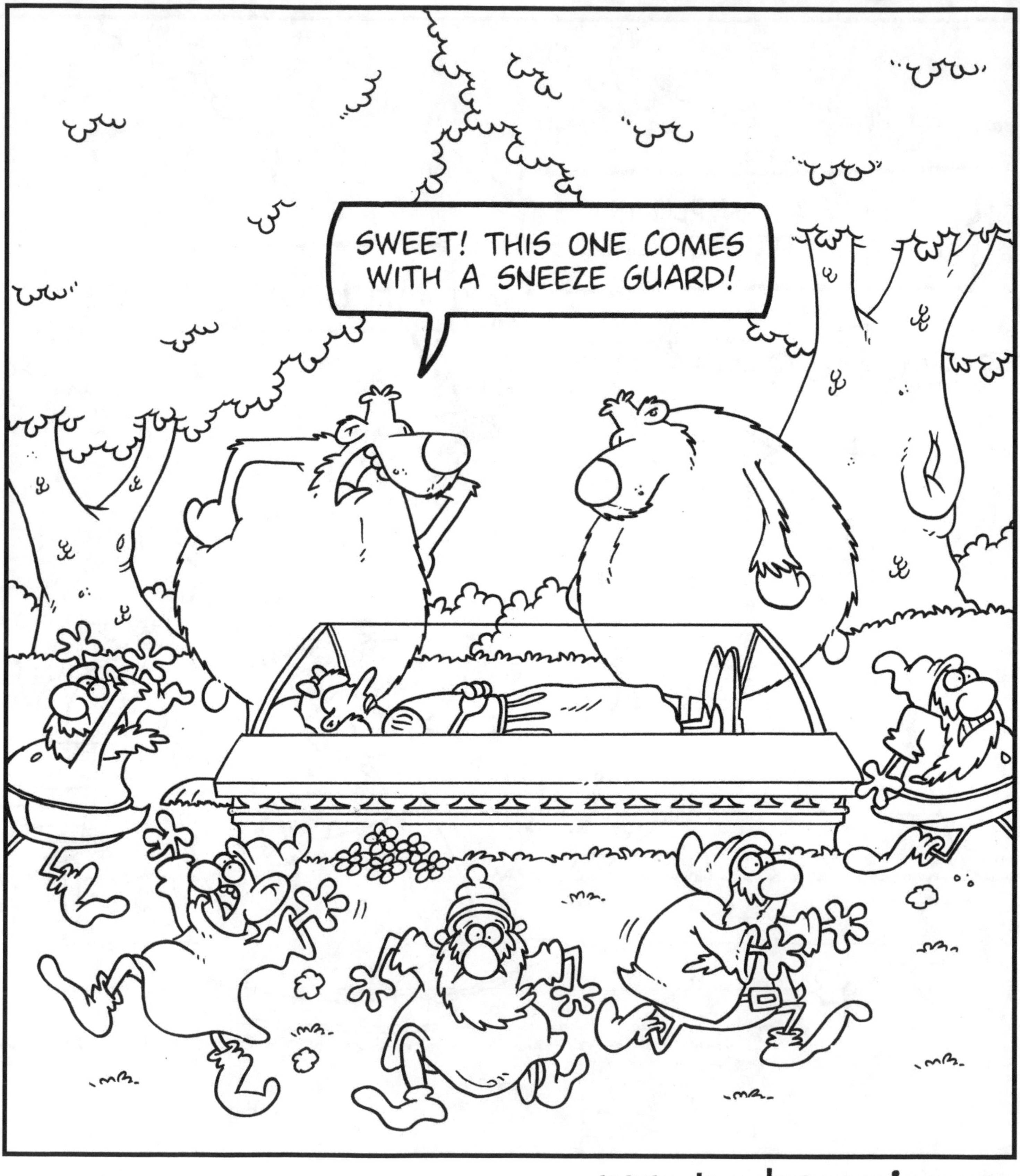
SWEET! THIS ONE COMES WITH A SNEEZE GUARD!

www.tundracomics.com

TUNDRA

by Chad Carpenter

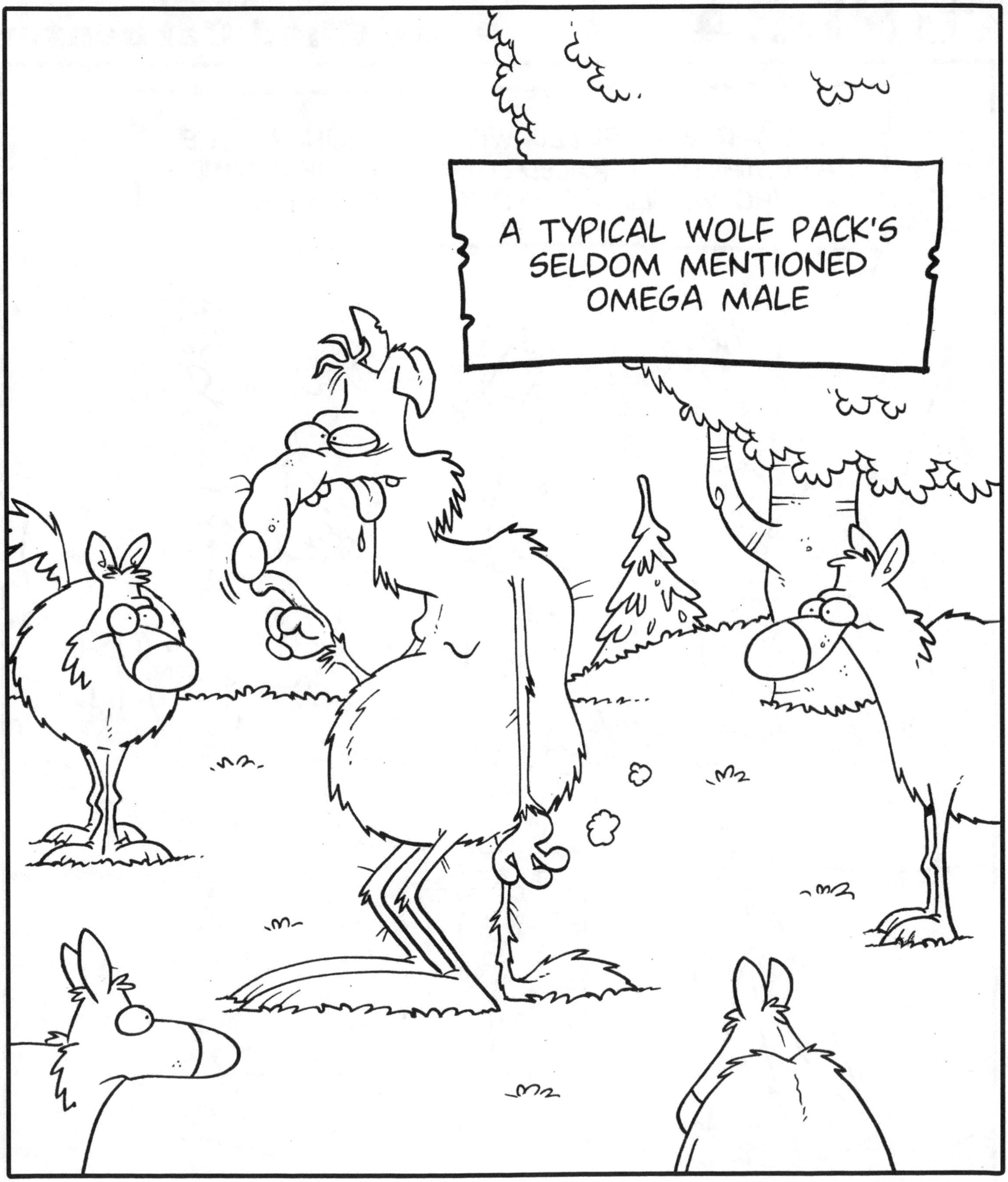
A TYPICAL WOLF PACK'S SELDOM MENTIONED OMEGA MALE

www.tundracomics.com

TUNDRA

by Chad Carpenter

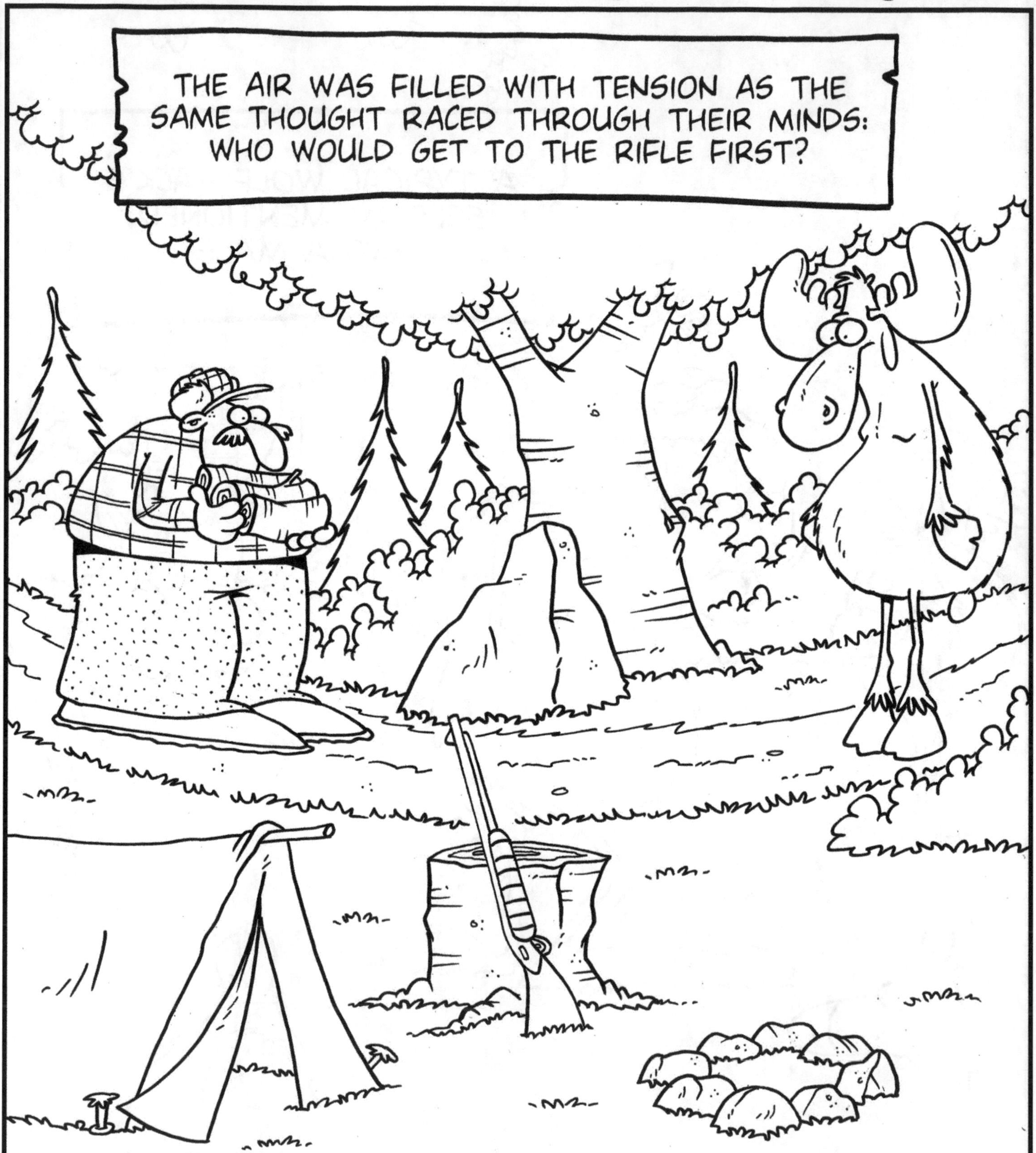
THE AIR WAS FILLED WITH TENSION AS THE SAME THOUGHT RACED THROUGH THEIR MINDS: WHO WOULD GET TO THE RIFLE FIRST?

www.tundracomics.com

TUNDRA

by Chad Carpenter

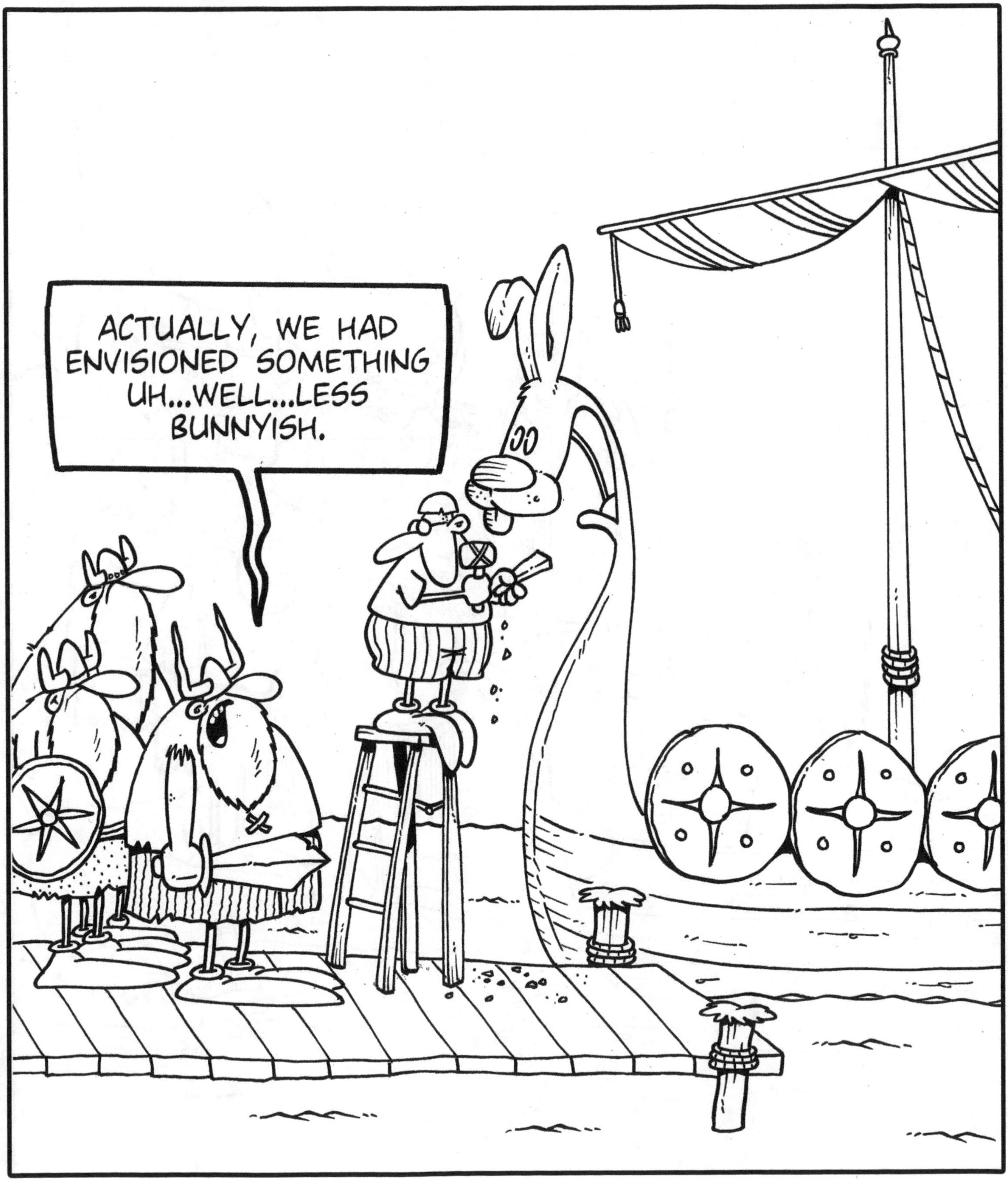

ACTUALLY, WE HAD ENVISIONED SOMETHING UH...WELL...LESS BUNNYISH.

www.tundracomics.com

TUNDRA

by Chad Carpenter

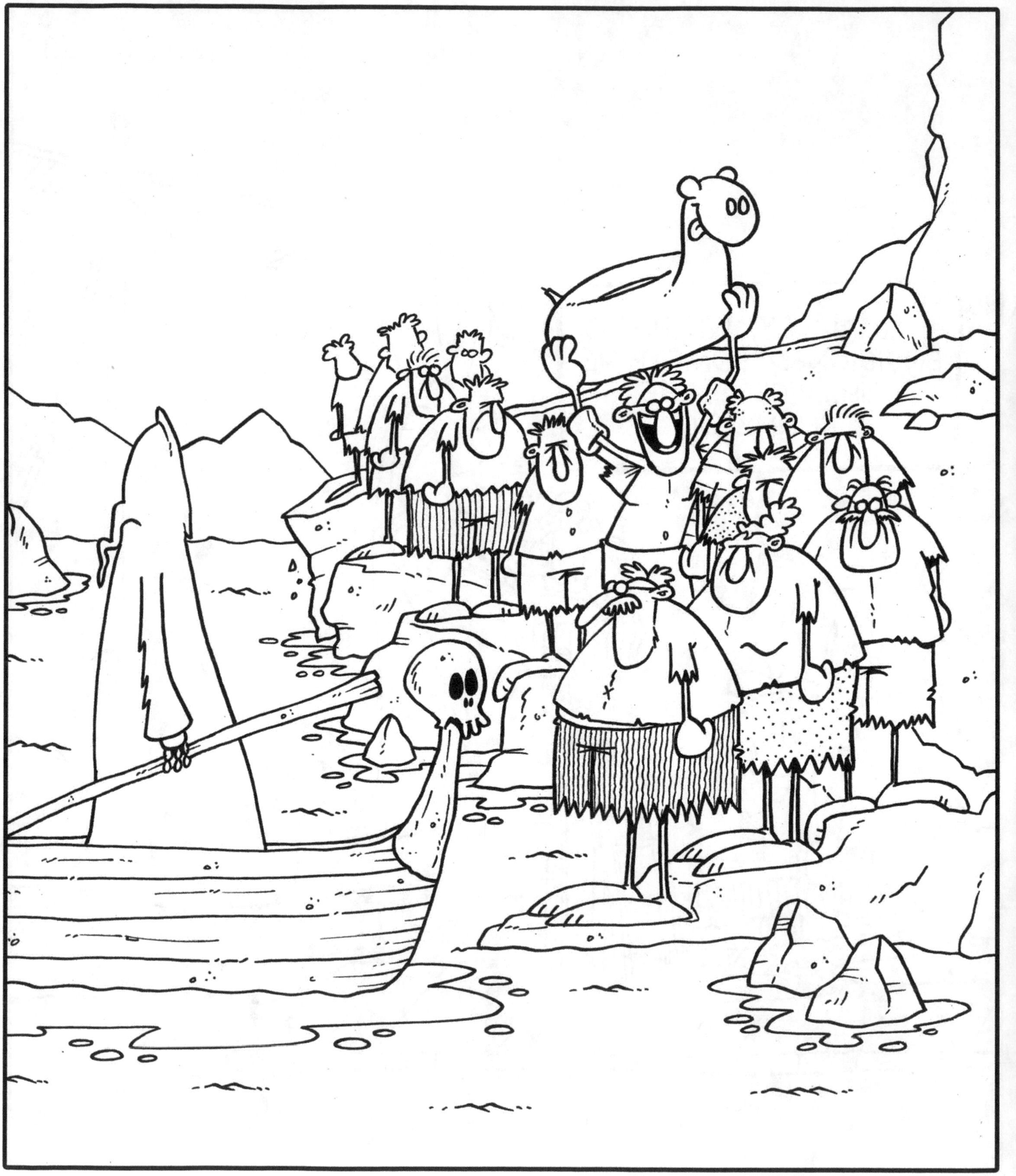

www.tundracomics.com

TUNDRA

by Chad Carpenter

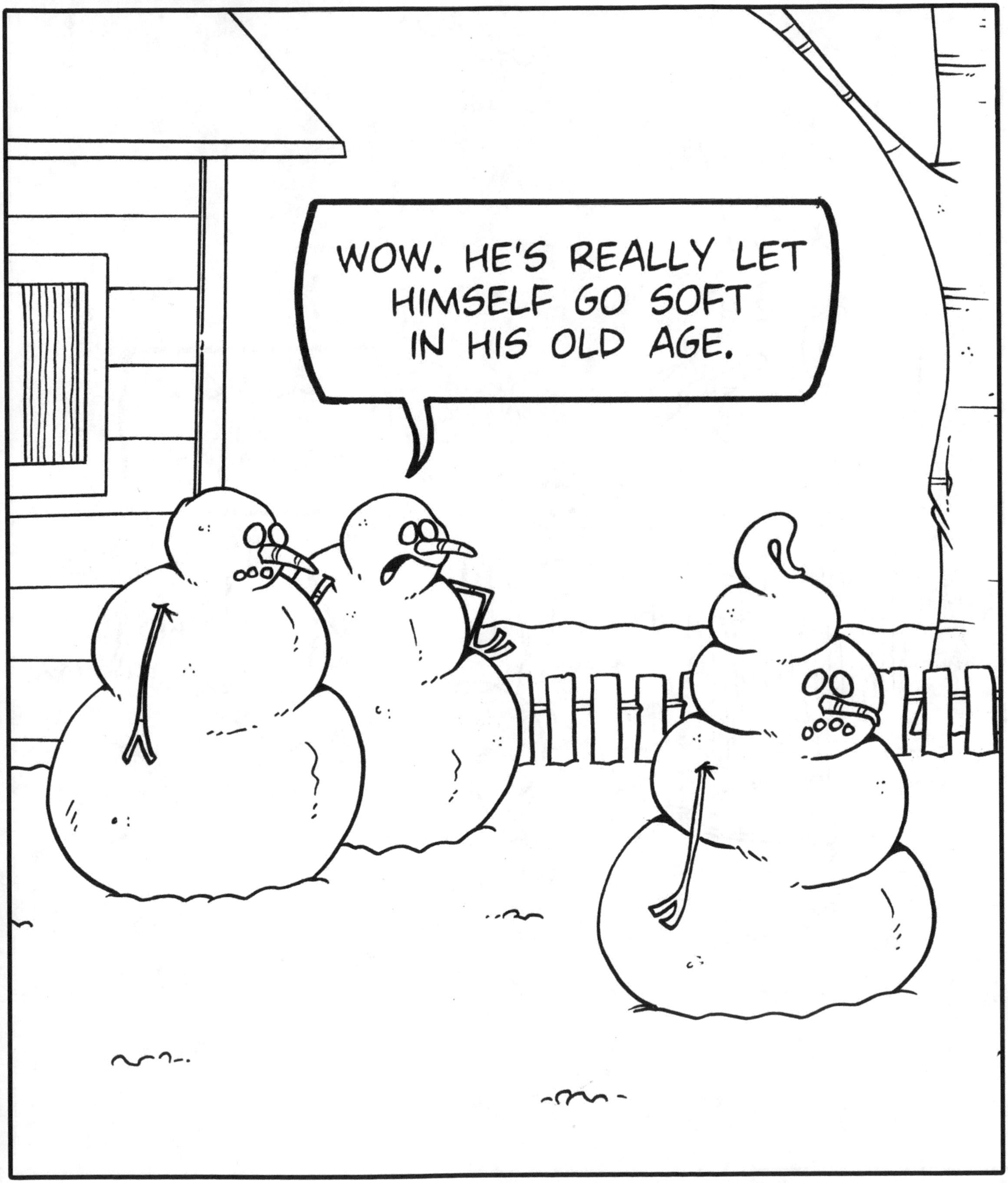
WOW. HE'S REALLY LET HIMSELF GO SOFT IN HIS OLD AGE.

www.tundracomics.com

TUNDRA

by Chad Carpenter

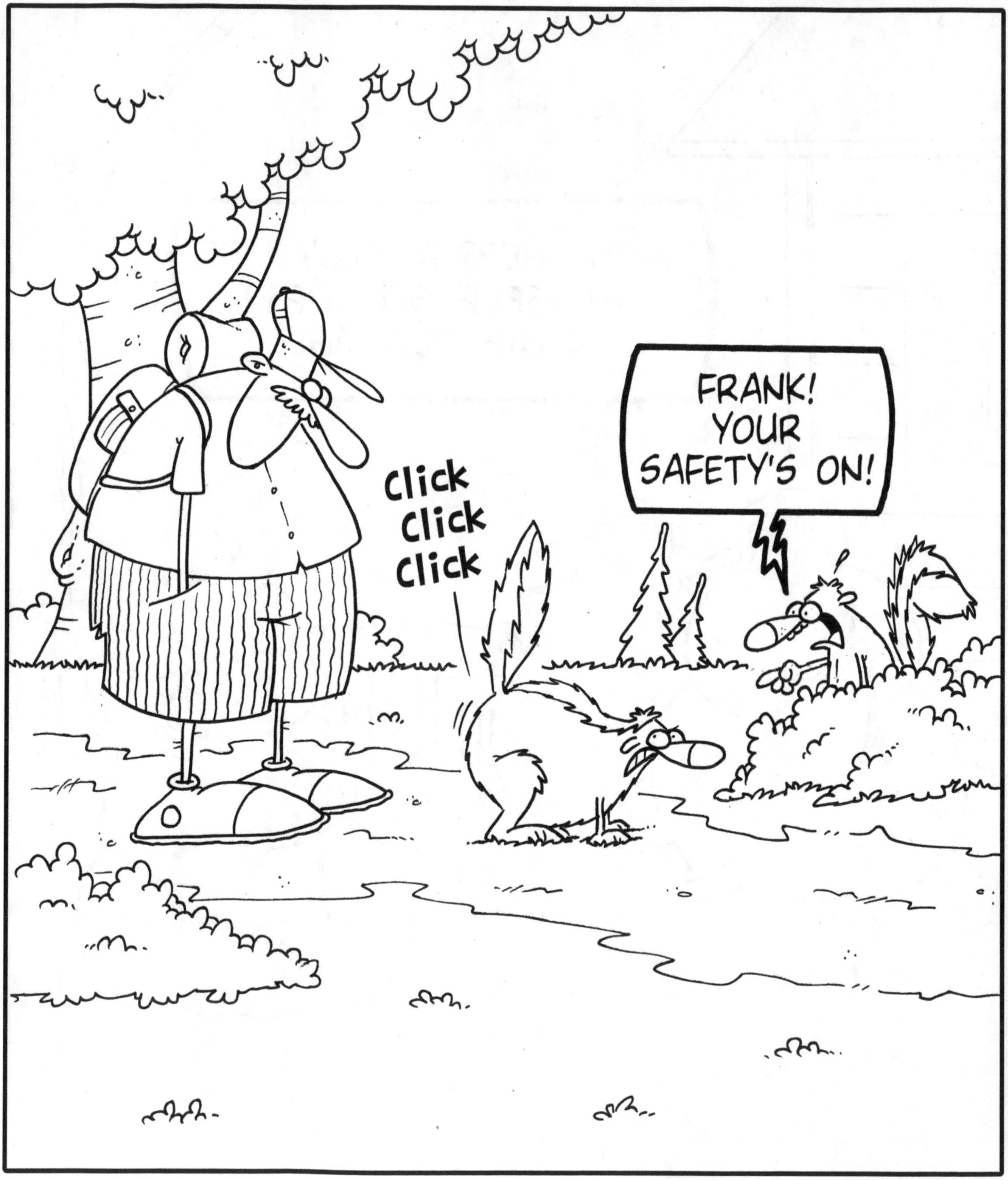
Click
Click
Click
FRANK! YOUR SAFETY'S ON!

www.tundracomics.com

TUNDRA

by Chad Carpenter

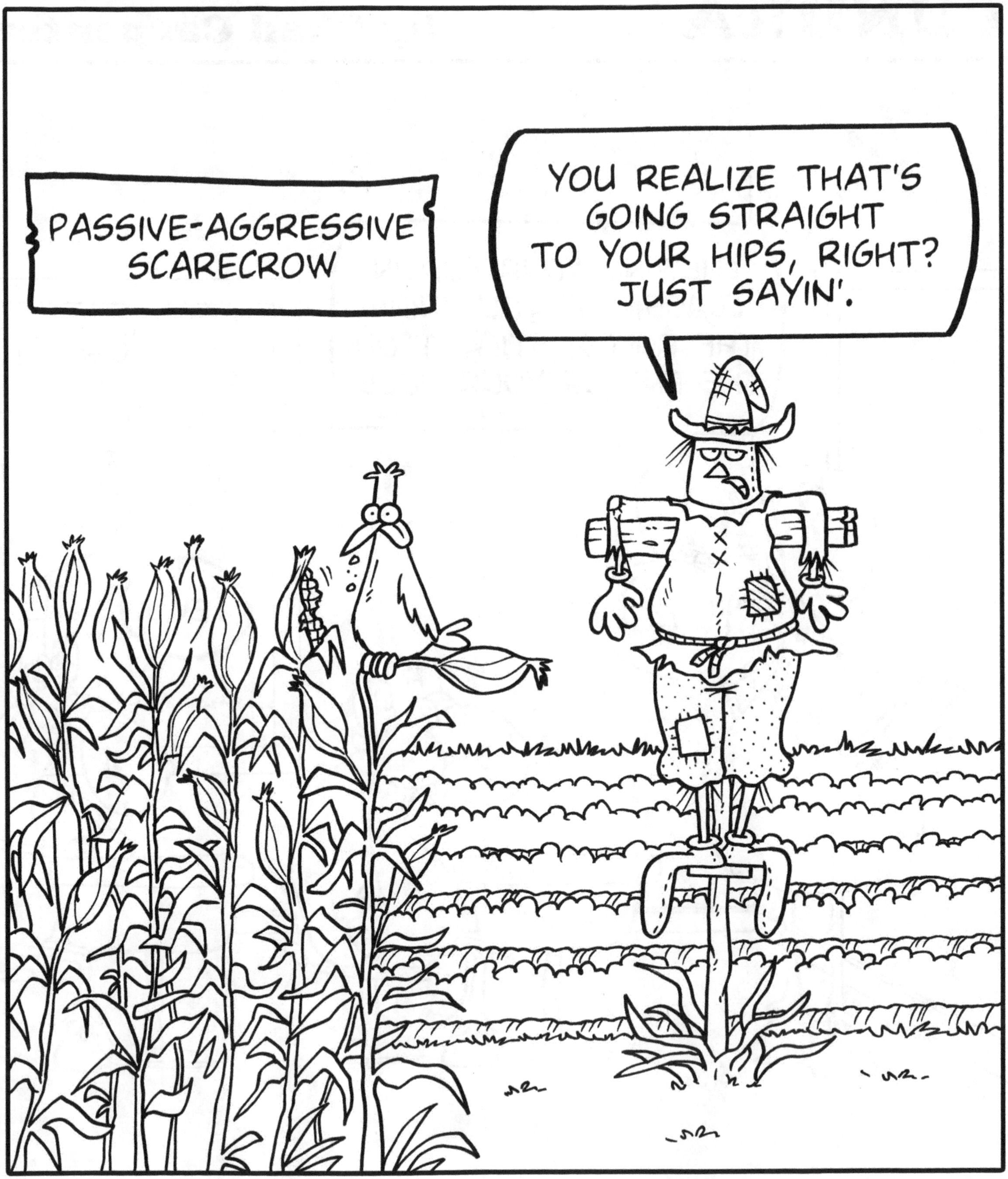

TUNDRA

by Chad Carpenter

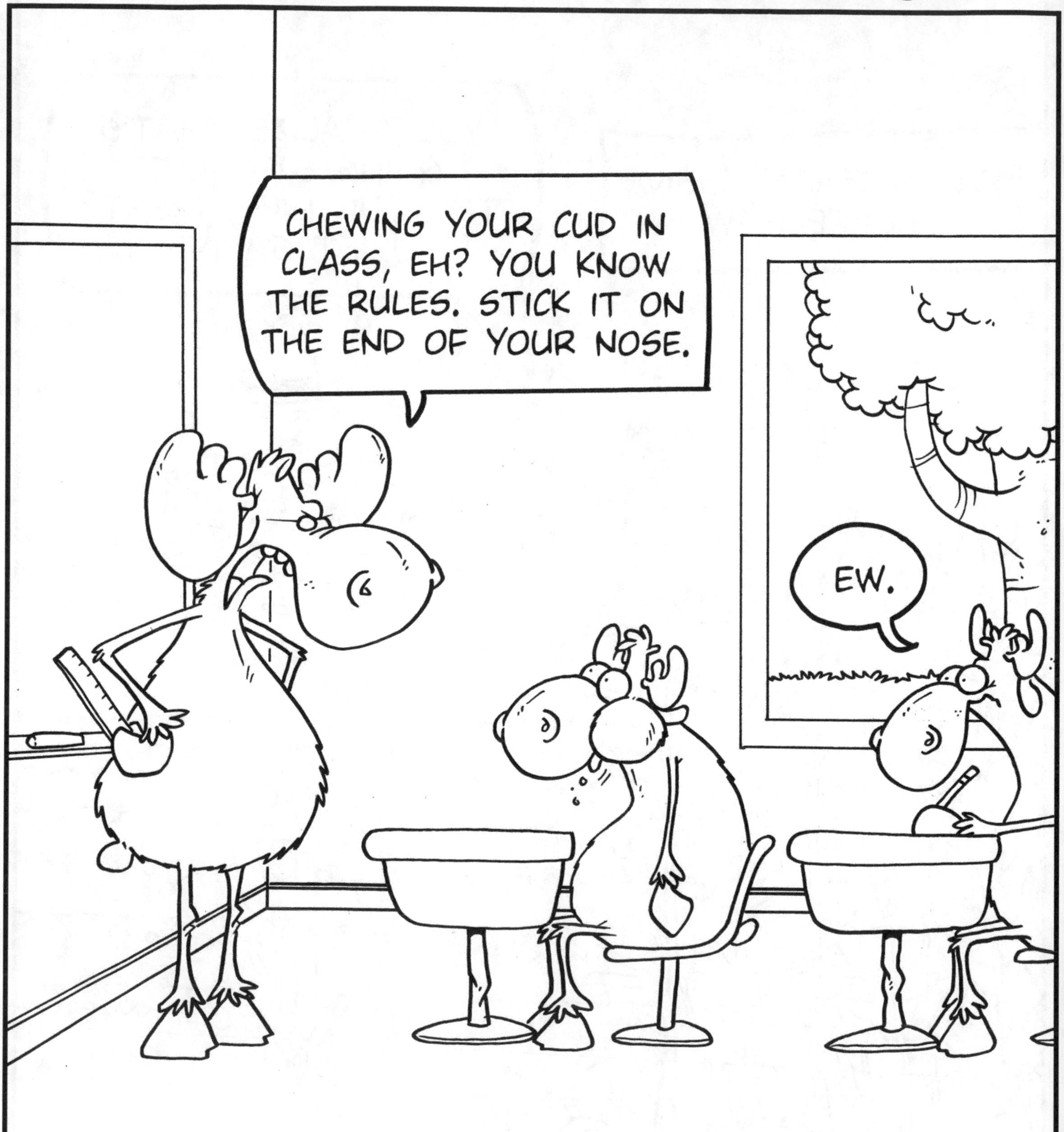
CHEWING YOUR CUD IN CLASS, EH? YOU KNOW THE RULES. STICK IT ON THE END OF YOUR NOSE.
EW.

www.tundracomics.com

TUNDRA

by Chad Carpenter

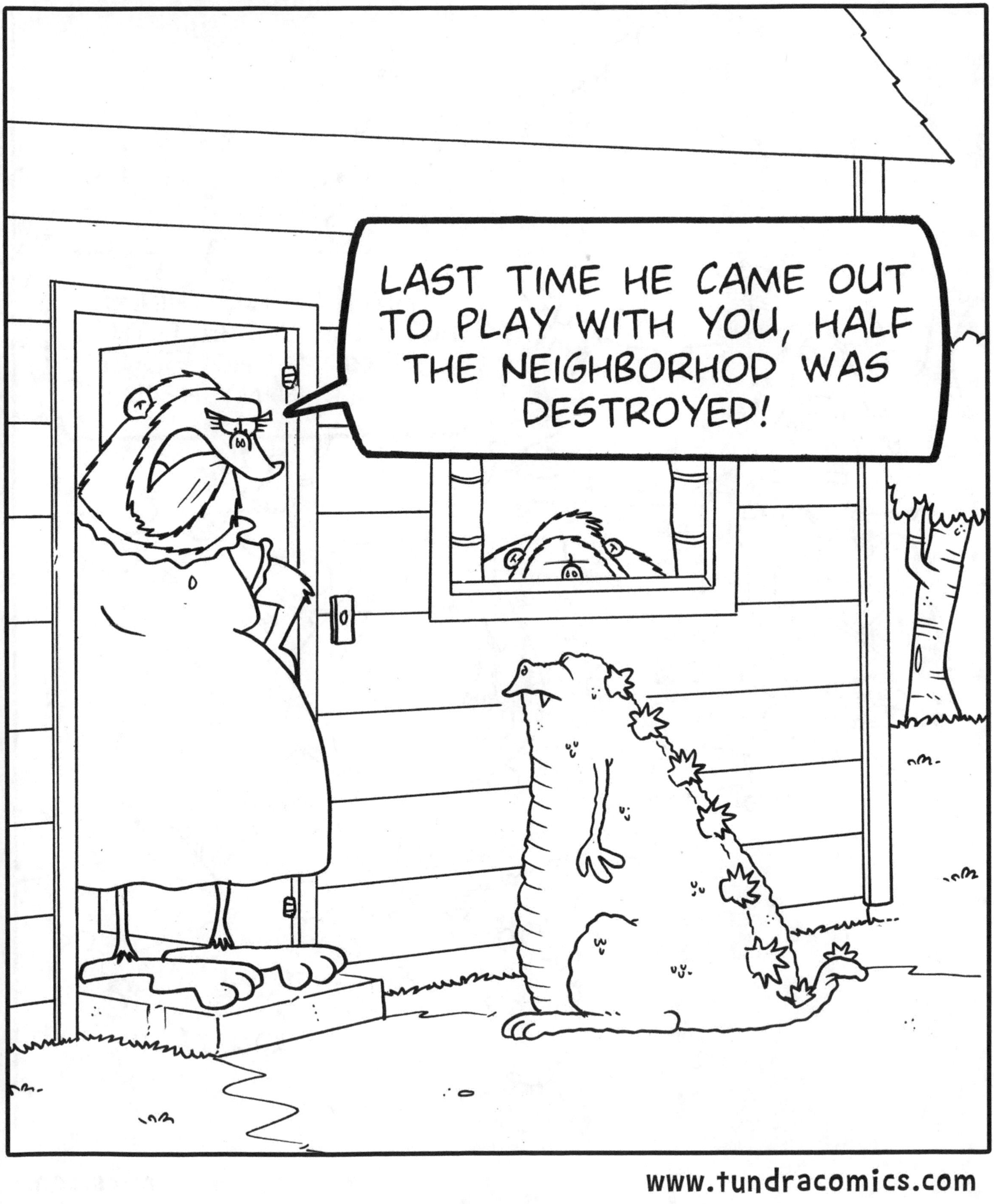
LAST TIME HE CAME OUT TO PLAY WITH YOU, HALF THE NEIGHBORHOD WAS DESTROYED!

www.tundracomics.com

TUNDRA

by Chad Carpenter

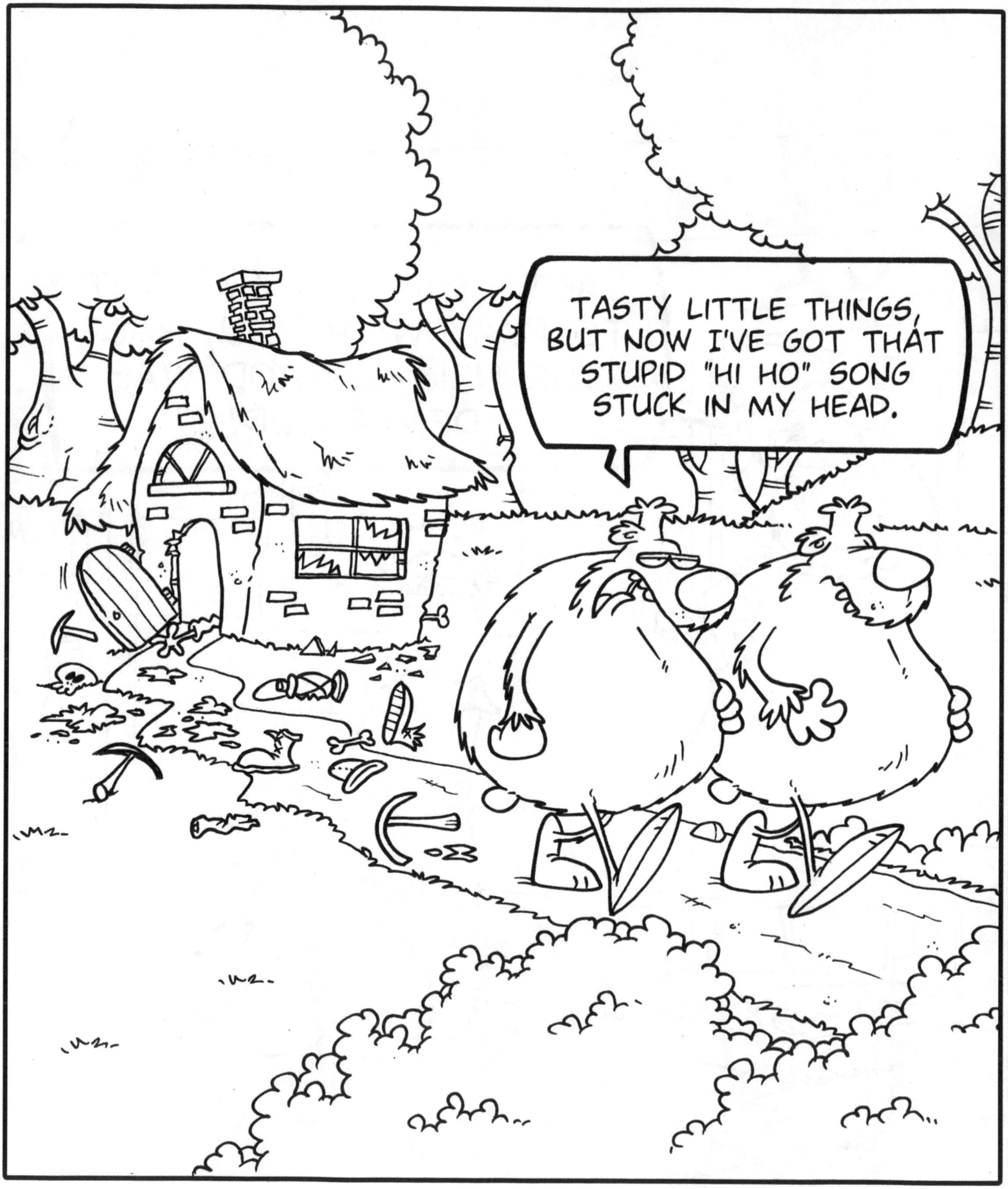
TASTY LITTLE THINGS, BUT NOW I'VE GOT THAT STUPID "HI HO" SONG STUCK IN MY HEAD.

www.tundracomics.com

TUNDRA

by Chad Carpenter

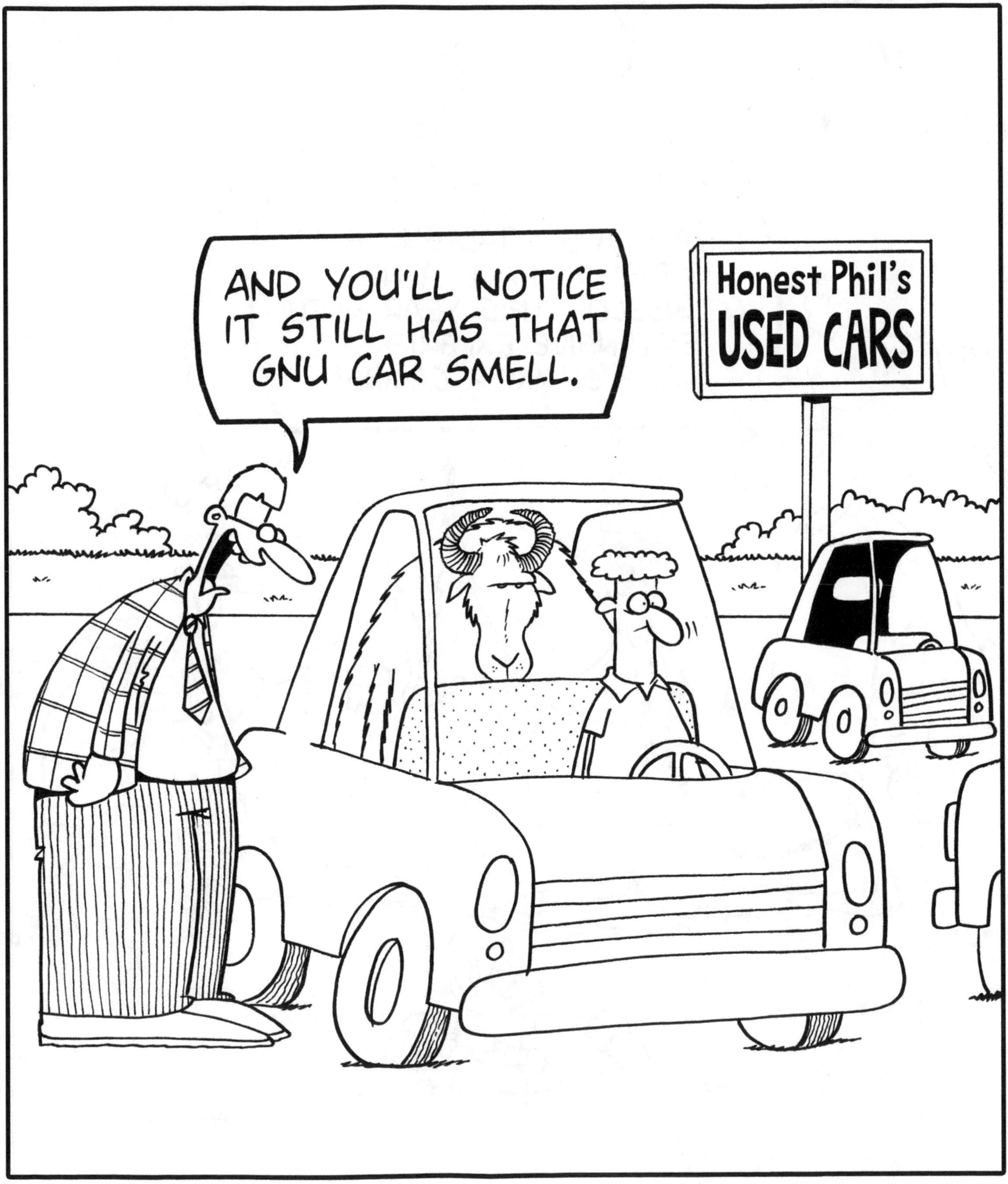
AND YOU'LL NOTICE IT STILL HAS THAT GNU CAR SMELL.
Honest Phil's
USED CARS

www.tundracomics.com

TUNDRA

by Chad Carpenter

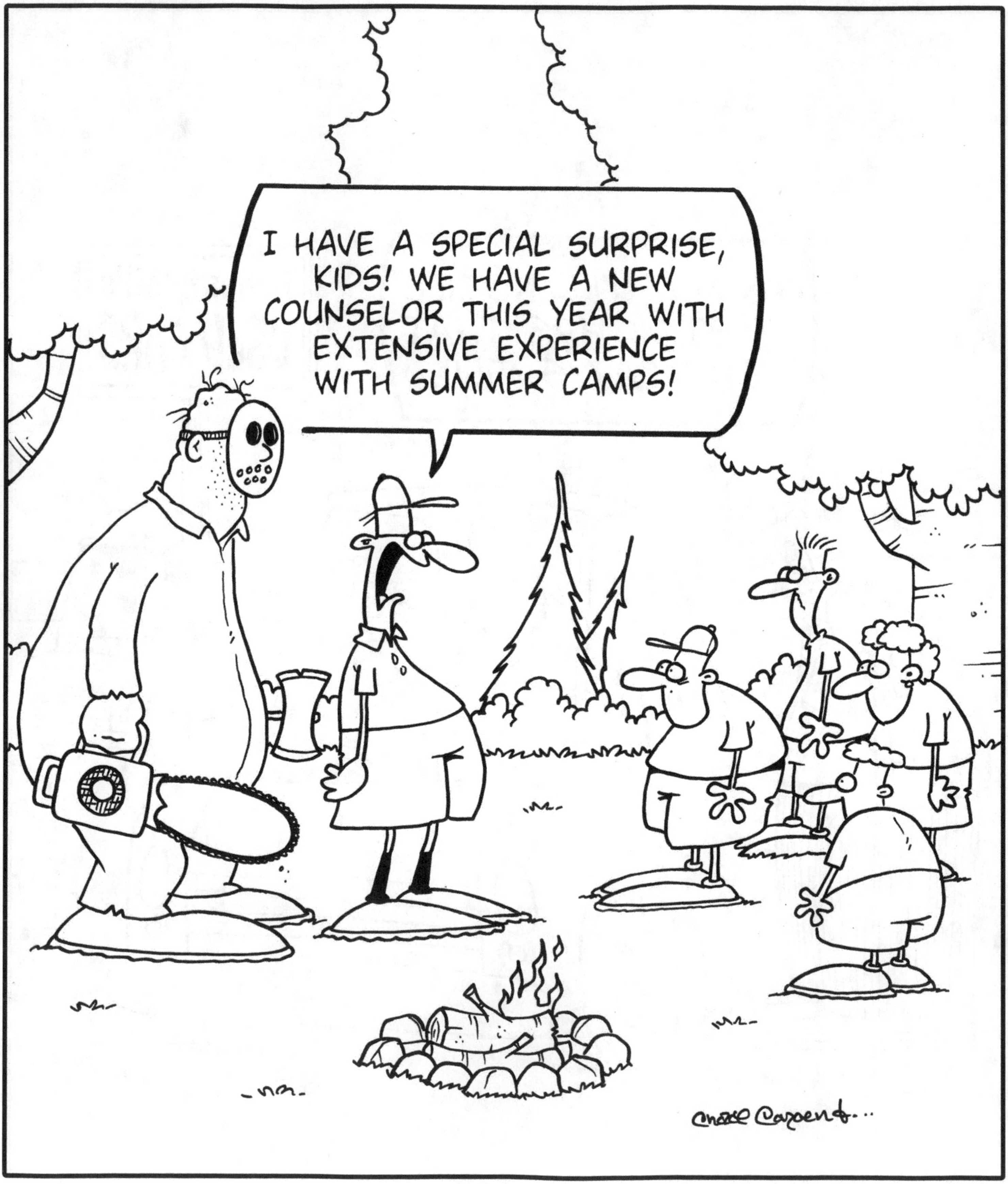
I HAVE A SPECIAL SURPRISE, KIDS! WE HAVE A NEW COUNSELOR THIS YEAR WITH EXTENSIVE EXPERIENCE WITH SUMMER CAMPS!
Chad Carpenter...

www.tundracomics.com

TUNDRA

by Chad Carpenter

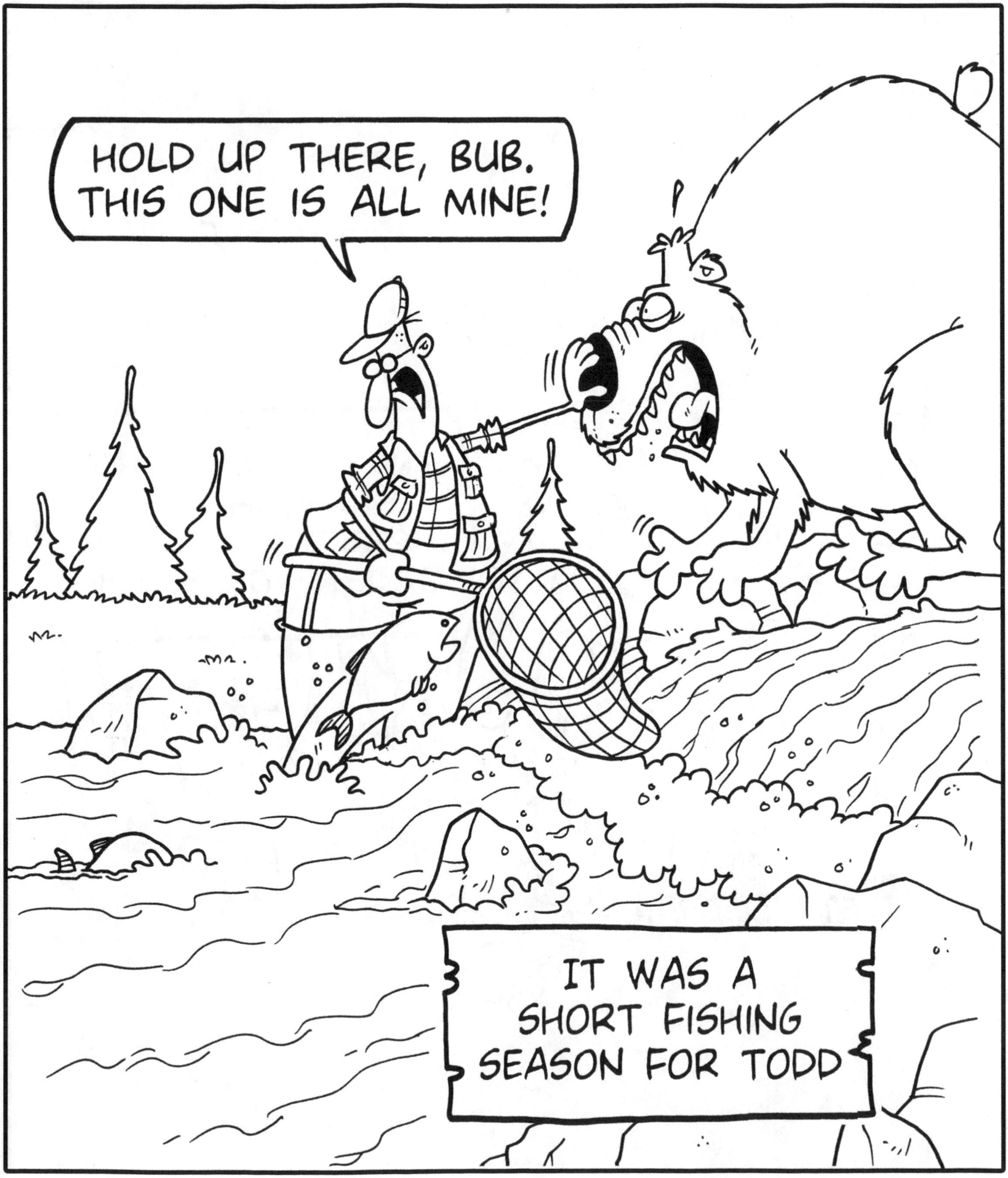
HOLD UP THERE, BUB. THIS ONE IS ALL MINE!
IT WAS A SHORT FISHING SEASON FOR TODD

TUNDRA

by Chad Carpenter

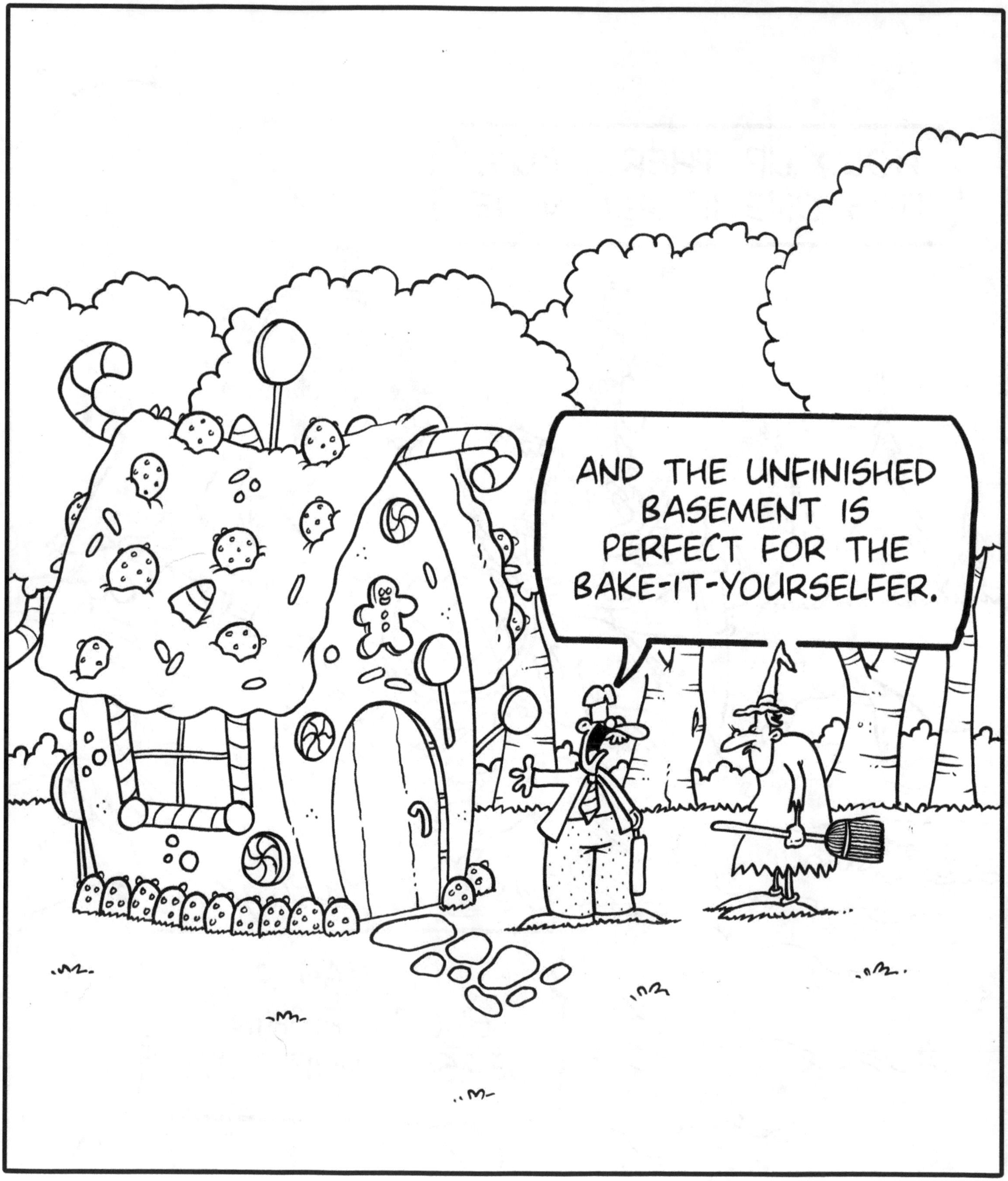
AND THE UNFINISHED BASEMENT IS PERFECT FOR THE BAKE-IT-YOURSELFER.

TUNDRA

by Chad Carpenter

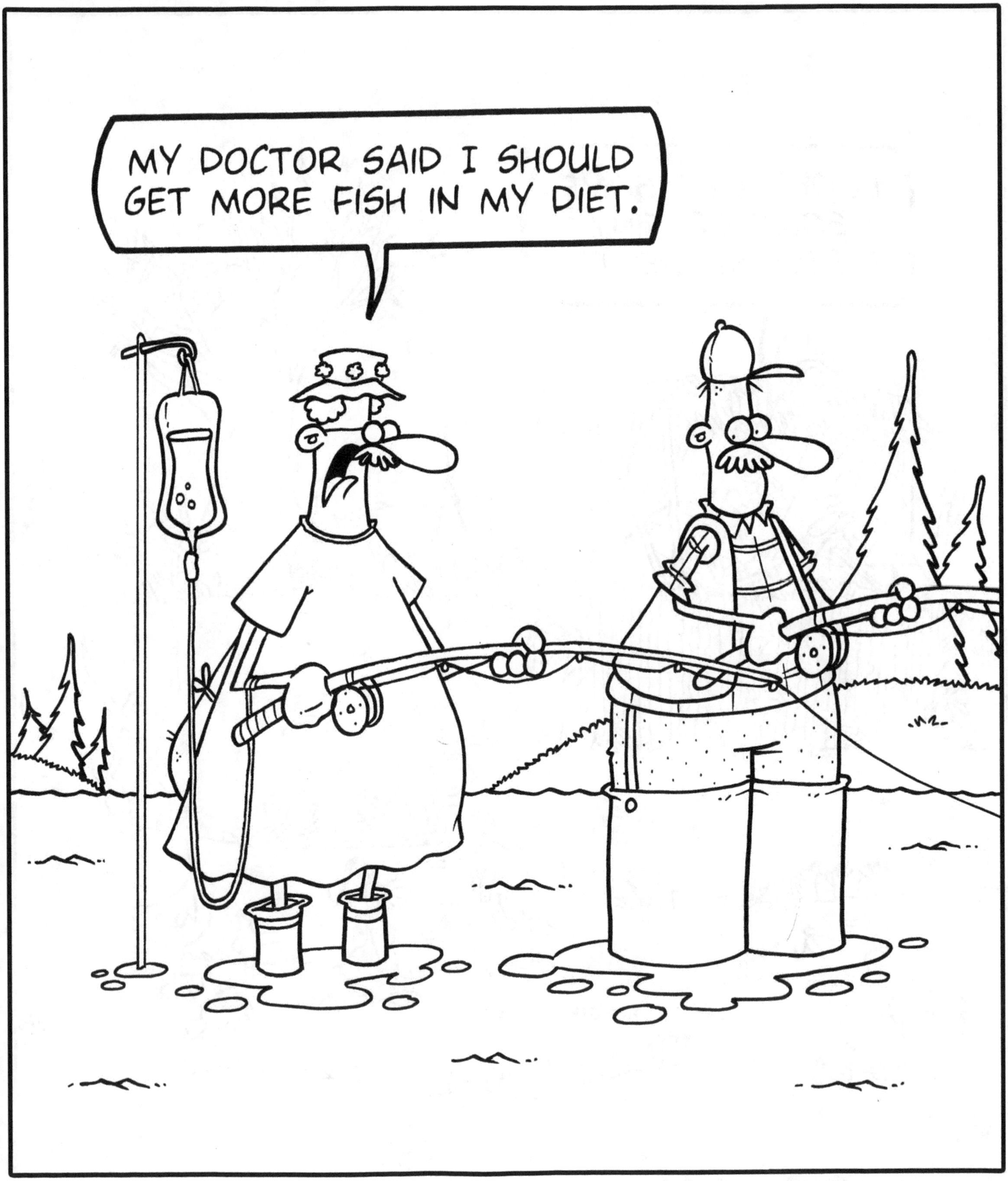
MY DOCTOR SAID I SHOULD GET MORE FISH IN MY DIET.

www.tundracomics.com

TUNDRA

by Chad Carpenter

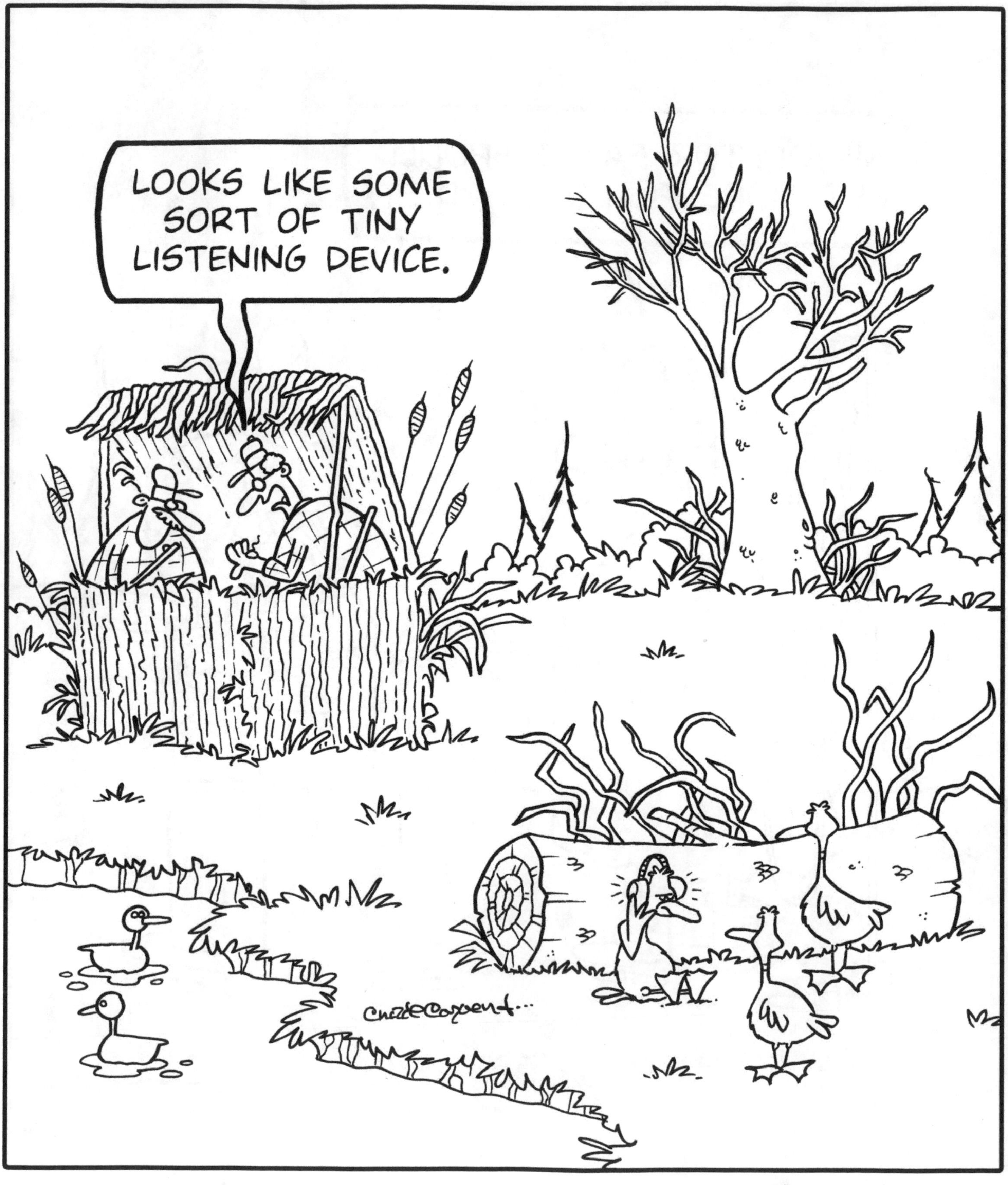

LOOKS LIKE SOME SORT OF TINY LISTENING DEVICE.

www.tundracomics.com

TUNDRA

by Chad Carpenter

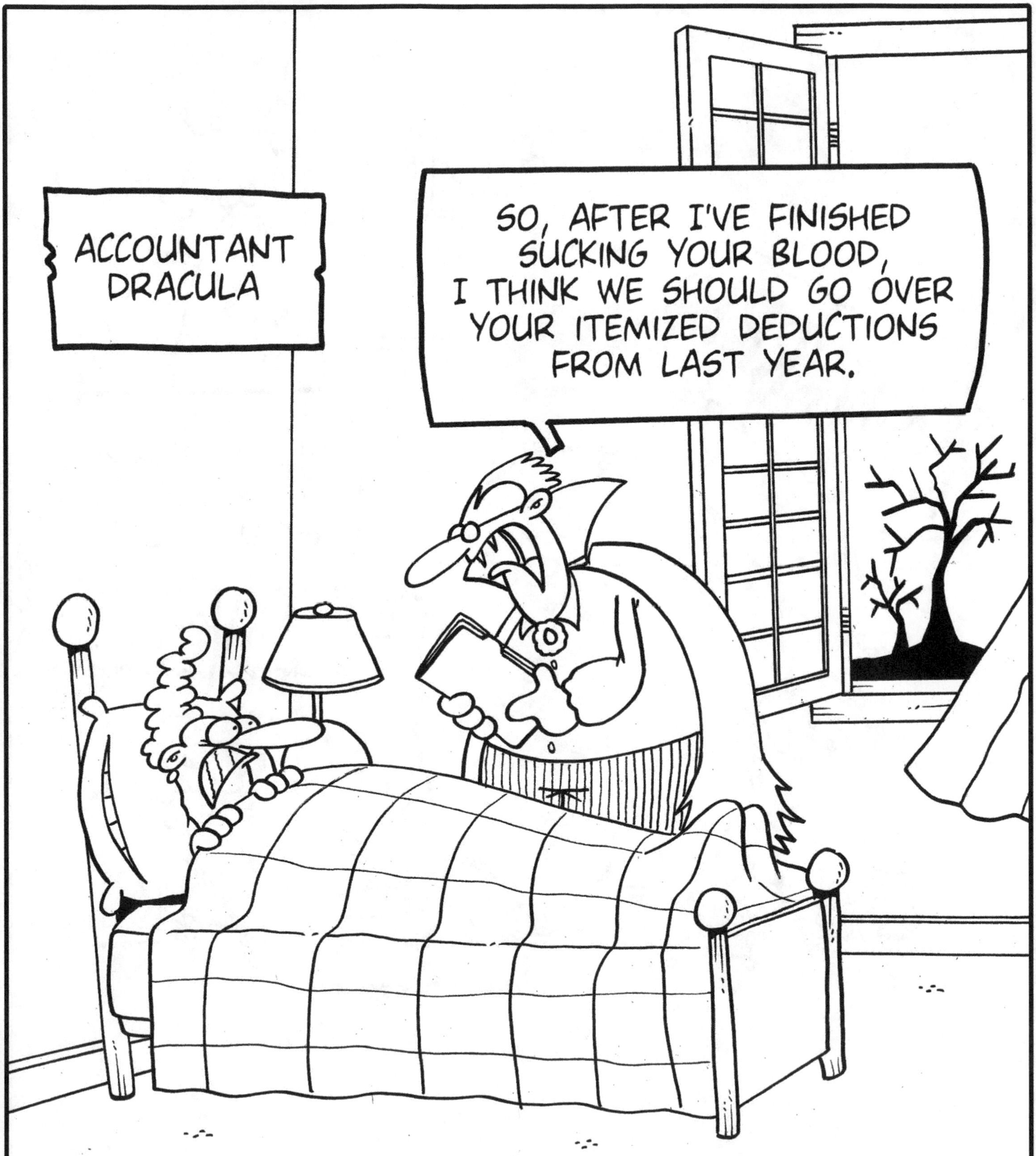
ACCOUNTANT DRACULA
SO, AFTER I'VE FINISHED SUCKING YOUR BLOOD, I THINK WE SHOULD GO OVER YOUR ITEMIZED DEDUCTIONS FROM LAST YEAR.

www.tundracomics.com

TUNDRA

by Chad Carpenter

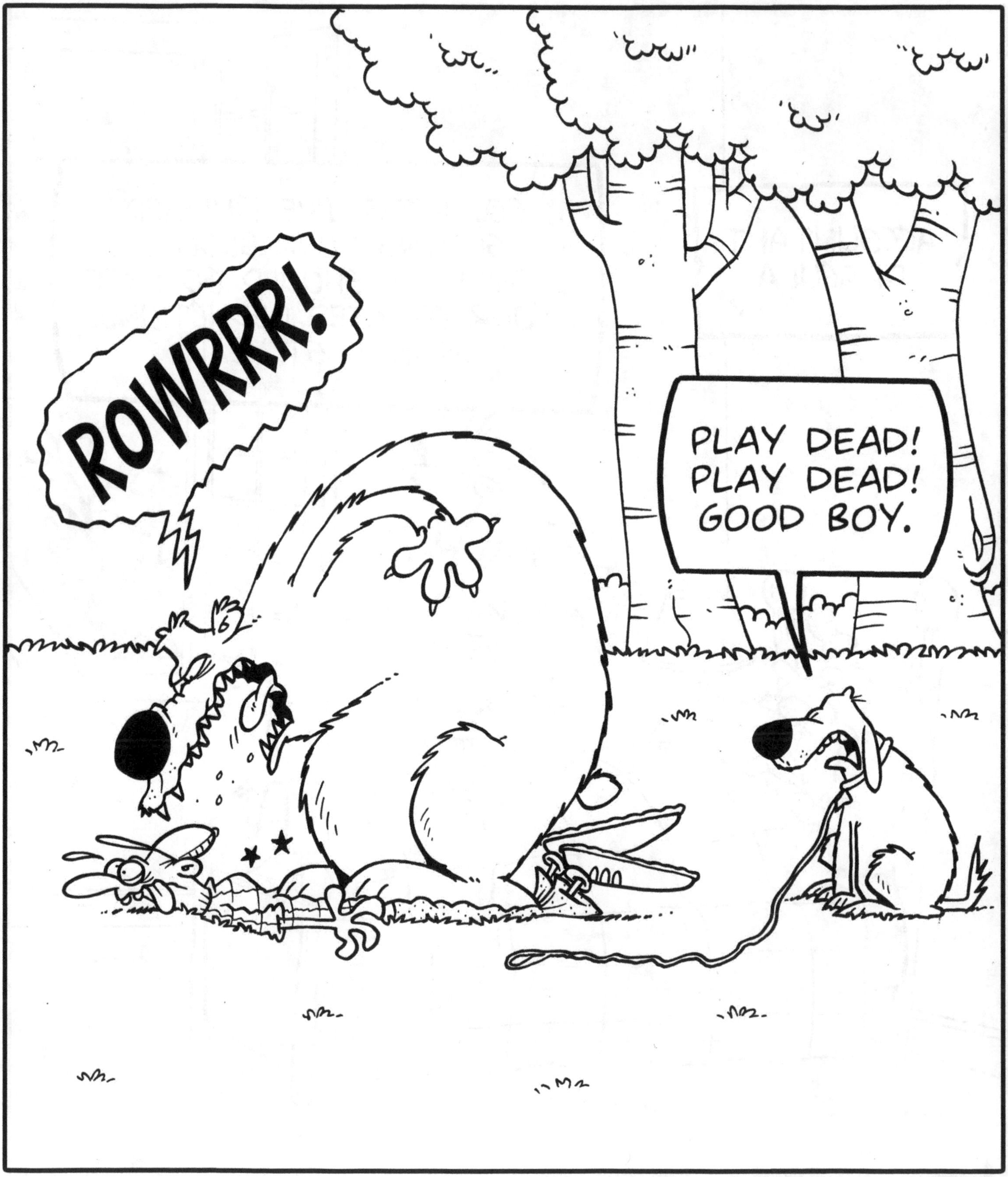
ROWRRR!
PLAY DEAD! PLAY DEAD! GOOD BOY.

www.tundracomics.com

TUNDRA

by Chad Carpenter

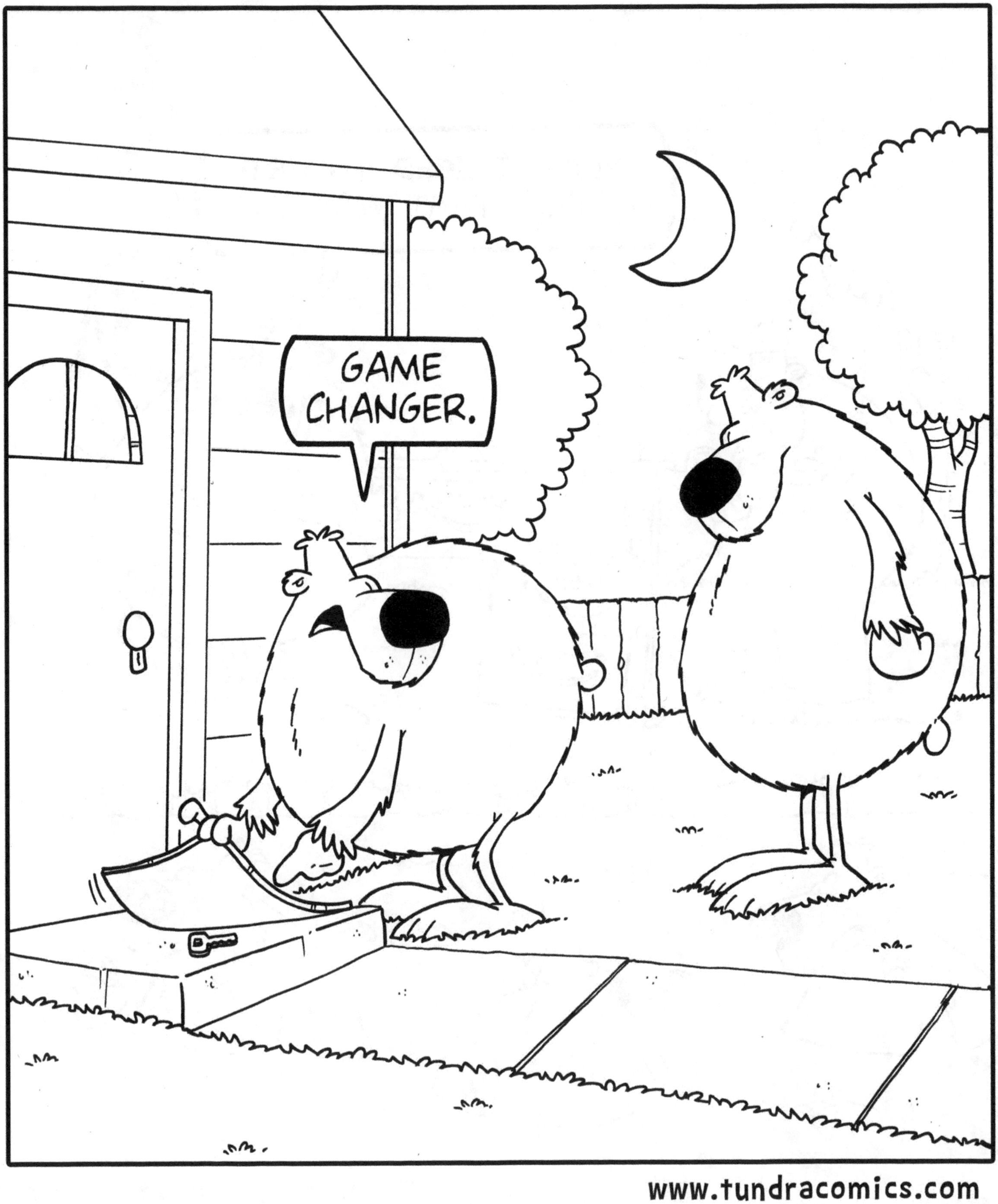
GAME CHANGER.

www.tundracomics.com

TUNDRA

by Chad Carpenter

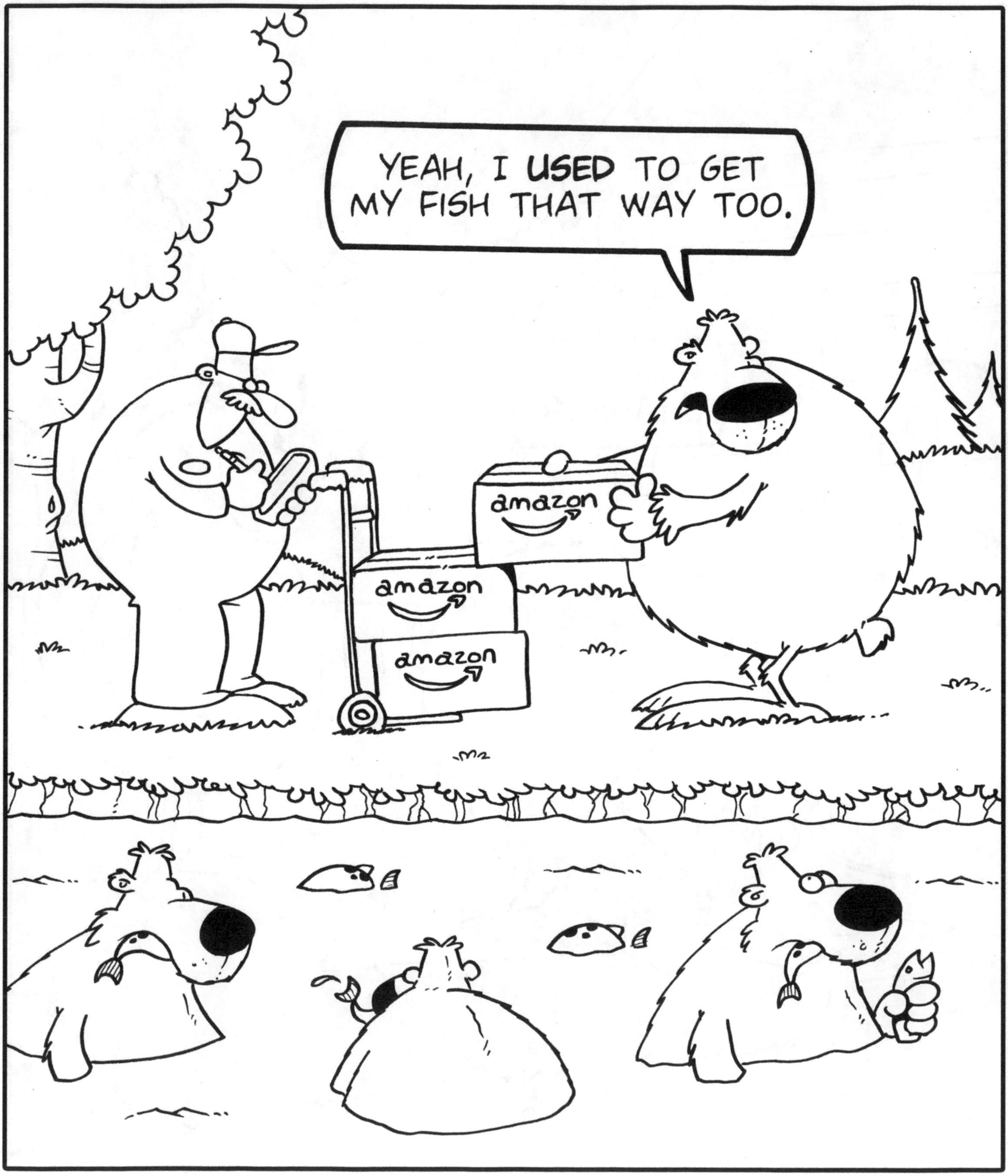
YEAH, I USED TO GET MY FISH THAT WAY TOO.
amazon
amazon
amazon

www.tundracomics.com

TUNDRA

by Chad Carpenter

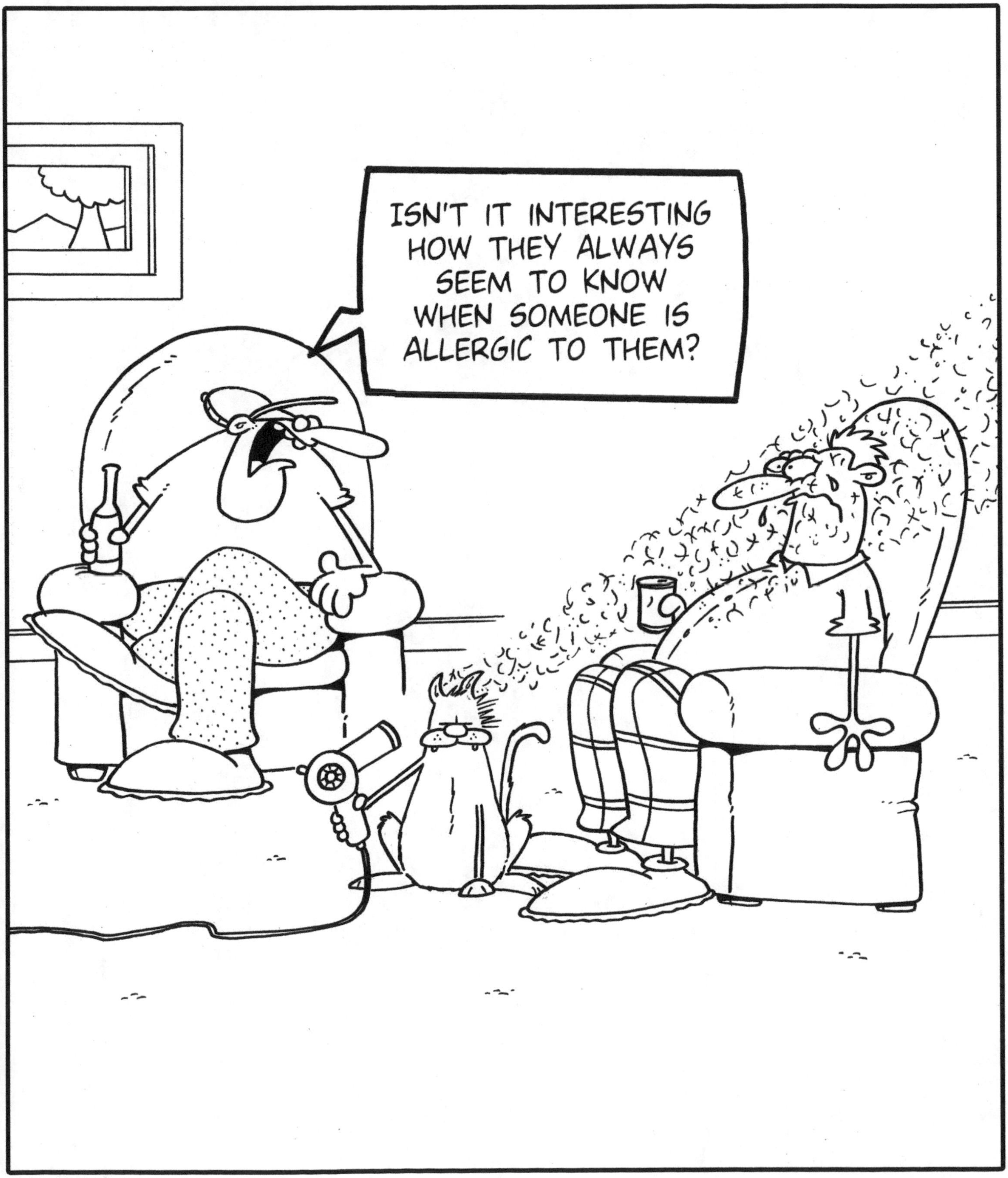
ISN'T IT INTERESTING HOW THEY ALWAYS SEEM TO KNOW WHEN SOMEONE IS ALLERGIC TO THEM?

www.tundracomics.com

Printed in the USA
CPSIA information can be obtained
at www.ICGtesting.com
LVHW081636041223
765671LV00058B/1337